名校之路

段慕言 著

天津出版传媒集团

天津人民出版社

图书在版编目（CIP）数据

名校之路 / 段慕言著 . -- 天津 : 天津人民出版社，
2024. 6. -- ISBN 978-7-201-20529-8

I . G4

中国国家版本馆 CIP 数据核字第 2024M4E638 号

名校之路

MINGXIAO ZHI LU

出　　版	天津人民出版社
出 版 人	刘锦泉
地　　址	天津市和平区西康路 35 号康岳大厦
邮政编码	300051
邮购电话	（022）23332469
电子信箱	reader@tjrmcbs.com

策划编辑	张艳霞
责任编辑	佟　鑫
装帧设计	今亮後聲 HOPESOUND 2580590616@qq.com · 小九

印　　刷	天津市银博印刷集团有限公司
经　　销	新华书店
开　　本	880 毫米 × 1230 毫米　1/32
印　　张	7
字　　数	140 千字
版次印次	2024 年 6 月第 1 版　2024 年 6 月第 1 次印刷
定　　价	68.00 元

前　言

　　在某些西方影视文学作品中，妈妈这个角色都爱喝酒。如，电影《奥本海默》中，奥本海默的太太凯蒂作为新手妈妈，面对婴儿持续地啼哭时选择通过酗酒麻痹自己；小说《我是个妈妈，我需要铂金包》中，作者描述了不少纽约曼哈顿上东区的妈妈们需要依靠酒精排解压力。在我有孩子之前，身边就已经有一群"嗜酒"的母亲们了。这群人中，真心觉得酒好喝的妈妈并不多，大部分只是觉得作为妈妈压力太大了，需要借酒放松一下。这就导致在我还不是一位母亲时，多少都有点儿畏惧"变成一个妈妈"这件事。

　　与周围的朋友相比，我不算生孩子早的。在自己的孩子出生前，我有很长一段时间不喜欢小孩儿，但却不敢表达出来，就好像在这个社会里如果女性不喜欢孩子，身上就会被贴上某种原罪。所以我只能对他人说："我只是没那么喜欢小孩儿而已。"

1

我在飞机上听到小孩儿的哭声会皱眉，在餐厅里看到把食物弄到地上的小朋友会摇头叹气；在去探望朋友的新生儿时，我也会赞叹其可爱、漂亮，但是我却不愿意去触碰他们，更不想去拥抱他们。有时候我也不确定自己的这种不喜欢是不是因为害怕而起，那我又为什么要害怕这些软软的小人儿呢？还是，我只是害怕成为一个母亲……

　　孩子出生后，我最大的改变就是爱上了小孩儿，不光爱自己的孩子，还会喜欢和欣赏他人的小孩儿，甚至可以在每一个孩子身上找到他们的可爱之处。摇身一变，我成了孩子王，每次约朋友们带娃出去玩，孩子们都喜欢围着我转。在机场看到哭闹的小孩儿，也一改之前嫌弃的样子，有好几次，我甚至想走过去帮忙安抚小孩儿。可能这就是传说中的母爱。

　　孩子的出生除了导致我拥有"泛滥"的母爱外，也让我迎来了自己身体、心理、家庭关系的转变。同时，也给我开启了一扇大门，让我去了很多从未去过的地方、做了很多从未做过的事、思考了一些从未想过的问题。

　　比如看病，原来几年不去一次医院的我，如今成为医院的常客，也终于理解为什么买房要离好医院近的道理。我开始留意到医院里一个特殊的诊室——儿科，开始了解到儿科看病不易。最终，我也加入了在医院 App 上抢专家号、去医院现场排大队的队伍。

我第一次听说"亲子"这个词后，开始频繁关注亲子商场、亲子餐厅、亲子酒店、儿童品牌、玩具店、游乐场……我突然发现亲子消费、亲子行业、亲子经济也是很值得关注的。

吃饭。原来的我关注哪位主厨又有了新创意，哪家餐饮集团又开了新餐厅；现在，我开始关注亲子餐厅。灯光柔和明亮、配备婴儿椅和餐具、提供儿童玩具、服务热情细心的餐厅，是我现在最喜欢、也最常光顾的地方。

旅行。我曾热爱跋山涉水去看人迹罕见的风景，喜欢有绝佳设计感的酒店，但这些地方和酒店往往没有儿童设施，并不适合孩子住宿。现在，打开网页，我搜索的都是"亲子酒店"。从原来旅游时，吃完晚饭要在外面喝几杯红酒并欣赏夜景，到现在带着孩子早睡早起，旅游的内容完全改变了。

家。漂亮的家具开始贴上实用的防撞海绵，精致易碎的氛围台灯被默默地收进柜子里，客厅中开始摆满了孩子的各种玩具。我的一个朋友曾经在我怀孕的时候提示：孩子是移动的"垃圾站"，你跟在他后面是收拾不完的。现在看来，果然如此。

还有那些完全因为孩子而增加的经历。谁能想到，我现在去得最多的地方是儿童游乐园，一个连美容、按摩都不喜欢充卡的人，居然在各大游乐场买卡充值。我曾在上海的一家游乐园里偶遇了在美国一别十几年的大学同学，临别时她跟我说："果然，中年人的尽头都在 Minimars（上海一家室内儿童游乐场）。"

最后，我想说孩子就是一台全天候运转不停的碎钞机。我曾经不屑地说，养个孩子能花多少钱，直到后来有一次跟一位朋友认真坐下来，一笔一笔地算了算，才发现养孩子这件事有最低消费，但是完全没有消费上限。最绝的是，一切打着孩子旗号让我伸出付款码和信用卡的瞬间，我还都是心甘情愿的。

　　这些人生经历、活动、消费等方面的改变，是看得见摸得着的。与此同时，因为有了孩子、因为需要抚养和教育孩子，我也终于有机会可以名正言顺地思考一些曾显得"假、大、空"的话题：比如人生的意义、教育的意义、我对孩子的教育目标、什么是幸福等。

　　孩子为我、我的爱人、亲人、朋友提供了一个话题或者说一个机会，去相互探索彼此之间更深层的思想。我时常因为跟朋友聊起对孩子的养育，而感觉自己更加了解对方了。另外，我的不少人生感悟都是在育儿的过程中想到的，与其说我教育我的孩子，不如说我们两个在一起成长，彼此滋养。

　　我很幸运，去过世界很多地方，也认识了很多人。其中有不少人，无论在广义或者狭义定义里都可以说是非常优秀和成功的。他们来自不同的国家、拥有不一样的教育背景，其中大部分是华裔。他们之中有一部分是杰出的企业家，创业者，上市公司管理层，金融或科技界精英，艺术从业人员。除了卓越的事业成就，他们中的大多数都拥有十分有趣的灵魂，我十分享受与他们交谈时的每一分每一秒。

可能我拥有一种可以让别人跟我吐露心声的能力，可能因为我喜欢聆听别人的故事，再加上我又有极高的保密意识，因此有不少朋友愿意找我倾诉。我倾听和观察他们的成长、教育、工作、创业经历，倾听和观察他们对孩子的教育观念和教育方式，也常被他们的话语、经历和故事吸引，仿佛为我的世界打开无数扇窗，让我从中得到启示。

我非常想把这些精彩的故事记录下来，分享给更多的人，但是因为涉及个人隐私，我不能这样做。我只能以这些故事为线索来改写和虚构。我深知自己的能力有限，无法把真实生活中的精彩完全地展示给读者看，因此记录下来的只能是冰山一角。

这些短小的故事中，大部分是关于教育的话题，也有部分关于家庭、女性等的话题。每个故事中的主角都可以在我的身边找到一个或者多个原型。他们生活在上海、新加坡、纽约、伦敦、温哥华、迪拜、巴黎等世界各地。他们可能选择了不常见的生活方式，或者不常见的育儿方式，但我从头到尾只是记录者，而不是评价者。我只负责复述这些故事，并不评价、推崇或者摒弃这背后的任何价值观。

我唯一的初衷就是想让更多的读者看到，原来有人这样生活、原来有人这样选择、原来有人这样思考。如果说，一定要让我在这些故事中推崇一种思想，那就是：我相信人拥有复杂性和广阔性。

　　如果你有缘看到我在深夜所写的这些故事后能会心一笑就好了。如果还能有幸引发你的一些思考，我就更加满足了。

第 1 章

幸福的人生，
不需要被简历定义

　　黄金简历(The Golden Resume)，通常指那些拥有顶级教育背景的简历，任何家长、学校、公司都欣喜看到的简历，也是很多妈妈和学生辛苦追求的简历。拥有这样的黄金简历是你的教育目标吗？

我已经有四年没去过纽约了，走出肯尼迪机场的那一刻，可谓百感交集。纽约就是这样一座城市，可以勾住你的灵魂、牵动你的神经，仿佛它已经不只是一座城市，而是一个有人格和思维且可以同你对话的人。十几年前，曾经有人问我芝加哥、纽约、洛杉矶的区别，我说洛杉矶像一位二十岁出头的女孩儿，热情洋溢，情感奔放外露；芝加哥是一位五十岁以上的女士，看淡世事，很多心事全部放在心底；纽约则是三四十岁的女性，懂得很多，但是收放自如，松弛有度。

　　毕业离开纽约后，最初的几年我总是找各种理由回去看看。随着工作、家庭、生活的日渐忙碌，再加上我跟纽约确实没有什么业务往来，回纽约，似乎变成了这么近又那么远的一件事，而纽约，也变成了最熟悉的陌生城市。多亏了莉娅的婚礼，给了我一个名正言顺的理由，再次回到了这个心心念念却又不常相见的城市。

　　在欧美，有一个词"六月新娘（June Bride）"，特指那些在六月结婚的新娘。据说，六月的英文单词 June 源自罗马婚姻女神朱诺。人们相信，当一对夫妻在六月结婚时，他们就会永远幸福。况且，六月的纽约气候宜人，是很适合举办婚礼的季节。想象一下，如果在冬天的纽约举办婚礼：漫天大雪、狂风大作，新娘做了两个小时的发型被吹乱、妆容被冰雪融化、假睫毛被大风吹歪、新娘脚上穿的是靴子，而不是漂亮的细跟白色高跟鞋。所以，作为宾客，我十分感谢莉娅把她的婚礼选在了六月，让我可以在这个姹紫嫣红、生机勃勃的季节回到我最钟情的城市。

　　大学时，没有太多参加婚礼经验的我，曾觉得最具代表性的纽约结婚场所是电影《欲望都市》里女主角凯莉（Carrie）选择的纽约公共图书馆，凯莉曾经这样形容它："承载着所有伟大爱情故事的经典纽约地标"。今天，我觉得比纽约公共图书馆更纽约，或者说，至少可以比肩纽约公共图书馆的纽约结婚场所是洛克菲勒中心（Rockfeller Center）的顶层花园（620 Loft & Garden），也正是莉娅的婚礼举办场所。

　　洛克菲勒中心顶楼花园（620 Loft & Garden）由英国园林设计师拉尔夫·汉考克（Ralph Hancock）在 1933 年至 1936 年设计，位于第五大道上 49 街和 50 街之间，著名的萨克斯第五大道精品百货店（Saks Fifth Avenue）对面。620 Loft & Garden

直通帝国大厦的户外植物园，不过在 1938 年之后便不再对公众开放。这是一个只听到地址就足以让无数女生羡慕至极的结婚场地；是每一个跟纽约有过交集的人，不管是土生土长的"纽约客"，还是游客，肯定都去过的地方。你可能只是短暂地经过，抑或你每周都是这附近的常客。无疑，这里是最纽约的地段。

620 Loft & Garden 作为顶楼露台，是一处鲜为人知的宝藏地。露台上有修剪整齐的花园、倒影池和新装修的室内阁楼，最关键的是在露台上可以欣赏到壮丽的纽约城市景观。在这里，婚礼的宾客们可以看到：洛克菲勒广场、圣帕特里克大教堂、普罗米修斯雕像、无线电城音乐厅以及所有纽约女生心中的白月光——萨克斯第五大道精品百货店（朱砂痣的话，估计是同样位于第五大道的波道夫·古德曼精品店（Bergdorf Goodman）了）。哦！这露台的景观，只能说是"太纽约"了。

莉娅在婚礼上身穿以色列品牌 Lee Petra Grebenau 的婚纱，无数朵手工缝制的缎面 3D 立体花朵缀满整条裙子，一路漫布至裙尾，好像这些美丽的花朵是不小心散落在裙子上似的。莉娅搭配的珠宝是梵克雅宝 Frivole 系列的多花项链，每一朵花都拥有镶满钻石的 3D 18K 白金立体花瓣，花瓣散落在整条项链上，与裙子的缎面花瓣相互呼应，漂亮极了。莉娅的老公在婚礼上用白色的三角钢琴现场演奏了几首钢琴曲，其中有我个人最爱的肖邦的曲子。在纽约市中心的顶层露台，在圣帕特里克大教堂和洛克菲勒广场的见证下，百转千回的肖邦悠悠扬扬，不知道第五大道上川流不息的行人能否听到，听到那些从头顶的天空中飘来的，婚礼中幸福的音符。

夕阳西下，天边橘红的光线透过密密麻麻的曼哈顿楼群，于楼隙间洒落在露台上，留下斑驳的光影。莉娅婚纱裙摆上的花朵，每一片白色缎面花瓣的边缘都反射出淡淡的橘红色光芒。亲朋好友们不断地举杯祝福这对新人，水晶酒杯在圣帕特里克大教堂的背影里相互碰撞，咔咔作响，香槟溅起的气泡漂浮在洛克菲勒中心的天空上，像儿时吹起的泡泡一样。一回头，看见莉娅掀起裙边跷着脚拍照，崭新的 Christian Louboutin 鞋子闪闪发光，鞋底的一抹红和天边的夕阳晕在一起。我看着街对面的萨克斯第五大道精品百货店，突然想起来我和莉娅还是学生的时候，来这里逛街买打折的 Christian Louboutin 高跟鞋的场景，宛如昨日。

你们一定很好奇，是什么样的情侣举办了一场如此盛大的婚礼？现在，我来讲讲他们夫妻二人的故事。

莉娅是美籍华裔，她的先生丹是土生土长的纽约犹太人，两人相识七年后结婚。我和莉娅是多年的好朋友，只是最近几年因常不在纽约，所以只与莉娅的先生丹见过几次面。莉娅和丹是彼此生命中最重要的人。但我不得不说，他们二人对我而言也是生命中很重要的人。他们两个人的故事，引起了我对教育的思考，甚至在我还没有孩子的时候，让我第一次认真地思考了两个问题：**精英教育是否有用？育儿的目标是什么？**

丹作为生在美国东海岸的犹太人，是美国标准的"Old Money（老钱）"和地地道道的"Trust Fund Baby（拥有家族信托的人）"。丹的教育背景可谓是黄金简历。什么是黄金简历？就是挑不出一点儿毛病的精英教育简历。如果你对此还是没概念，看看丹的简历就明白了。

丹中学时就读于美国东部最著名的私立寄宿学校之一（常年稳居 Niche 网站美国最佳寄宿高中（Best Boarding High Schools in America) 排名前十）。进了这类学校，就等于半只脚踏入了常春藤；但是进入这类学校，甚至有时比进常春藤更难。在这所精英高中毕业后，丹顺理成章地进入哈佛大学读本科，修数学专业，在以非常优异的成绩毕业后，丹继续留在哈佛，并获得了哈佛法学院的法律博士学位（Juris Doctor degree）。在丹的学生生涯里他出版过两本书，一本讨论了某美国商业巨头的商业运营模式，另外一本有关文学。这，就是黄金简历的真实写照。

黄金简历（The Golden Resume）通常指那些拥有顶级教育背景的简历，任何家长、学校、公司都欣喜看到的简历，也是很多妈妈和学生辛苦追求的简历。截止丹的学生生涯，他拥有的就是一份黄金简历：美国最著名的精英私立高中和大学毕业、少有的文理兼修、漂亮的 GPA（成绩）、含金量极高的法律博士学位。如果一个人拿着这样一份黄金简历走出校园，会开启怎样的事业和成就呢？

丹是 80 年代初生人，我们相识时他快四十岁了。从哈佛法学院毕业后，丹曾一度创业，可惜两年后项目失败。他作为 Facebook 创始人、Meta 董事长马克·扎克伯格的同届高中校友兼大学校友，加上家族光环的压力，让丹在创业失败后的一段时间内非常低落。因为十分害怕再次失败，丹在那次创业失败后一天都没有再工作过，其经济来源完全依赖于每个月领取的家族信托。

一开始对失败的回避却赋予了丹不一样的命运。随着时间的流逝，丹似乎找到了他自己的生活模式，他意识到他不再需要通过事业向别人证明自己，也可以拥有幸福和满足的人生。从回避失败到主动选择另一种生活方式，丹每天的生活由读书、弹琴、运动、写作、观展等活动组成。同时，他热衷于和亲朋好友就当前的政治经济和各种社会现象展开讨论。冬天，他会去美国科罗拉多州的范尔（Vail）度假村和阿斯本（Aspen）度假村滑雪，住在自己家族拥有的度假屋里，其余的时间则在美国各处旅游，林间骑车、农场打猎、湖边钓鱼是他的日常生活。丹和莉娅住在纽约翠贝卡区的一处高级公寓里，该物业是家族信托的资产，他们每年只需要支付房产税和维护费即可。丹说，他父母想让他搬进更大的豪宅，但被他拒绝了，因为每年支付的房产税和维护费要从自己的信托里出，他觉得没有必要。

丹喜欢读经典文学作品，比如，莎士比亚的作品。他的读书速度极快，三百页左右的文学小说基本可以一天读完。如果没有特殊情况，他保持每日读书，从不间断。除了读书外，他的另一大爱好是弹琴。和中国钢琴考过十级的孩子不同，丹从来没有考过级，但他目前弹奏的都是贝多芬、肖邦、巴赫等经典曲目，我耳听目测，他应该是演奏级别的水平。如果没有特殊情况，同读书一样，他保持每天弹琴不间断。

丹的生活比起当代年轻人的灯红酒绿，可以说是分外简单。他滴酒不沾，不去夜店酒吧；不喜欢外出就餐，更多的是和莉娅购买有机食材在家做饭；他也不喜欢社交，喜欢一个人看书、弹琴、运动。但是，他非常喜欢和熟悉的家人朋友就政治、经济等问题进行探讨。据丹说，从小到大，每天在家中吃晚饭的时候，父母都会组织就某一话题进行深度探讨和辩论，这似乎成为他们家晚餐中的固定仪式。每位家庭成员和宾客都可以畅所欲言、各抒己见，而丹是诸如此类探讨的主力军。他乐于也善于倾听、阐述和辩论。

此外，丹非常重视自己手上的那一张选举票，丹曾说，他和他哈佛大学本科的室友四人，都不太在意金钱，更注重对社会的影响和贡献。

丹就是这样一位美式精英教育培养出来的、财务自由的、过着自由自在生活的人，但丹的黄金简历似乎在求学阶段后戛然而止。

说回丹的太太，也就是我的朋友莉娅，她也是一位经历颇为有趣的女性。她是我见过的最正能量、最阳光的女性之一，我时常在遇到问题或者感到困惑时向她咨询，而且每一次都觉得受益匪浅。莉娅的老公拥有如此漂亮的黄金简历，你们一定很好奇莉娅自己又有什么样的求学背景，但让你们不敢相信的是，莉娅拥有着和她老公完全相反的教育经历。

　　相比接受精英教育的老公，莉娅出身于美国最平凡的华裔家庭，从小到大都在当地最普通的公立学校读书。她从小热爱英文写作，但是不擅长考试，尤其是数学考试，经常不及格。在并不那么富裕的成长环境里，莉娅依然会主动要求父母给自己找关于英文写作的课外班。幸运的是，莉娅的妈妈虽然为第一代华裔移民，但是与其他热衷"鸡娃"的第一代华裔妈妈们不同，莉娅的妈妈一直都采取鼓励式教育，从来不逼莉娅做任何她不想做的事情。莉娅自己的性格也十分外向，从我认识她起，她就经常作为白人团队里唯一的亚裔女性。

　　从大家口中的"野鸡大学"毕业后，正值青春期又很贪玩的莉娅很想读 MBA，连续考了五次 GMAT，分数竟然都没有达到理想大学的最低标准线，不过她的理想大学并不是藤校，而是纽约市一所很普通的大学，是众多华裔妈妈眼中可能会被忽视的一所学校。最终，莉娅放弃参加第六次 GMAT 考试，而是直接去目标学校的商学院登门拜访。没想到的是，她对着教授一顿发自肺腑的陈述后竟然直接被录取了。

MBA 毕业后，莉娅想去纽约顶级投行工作，在当时，纽约投行是不少华裔学子的"梦中情工（作）"。在美国，这些顶级投行只在"招聘清单学校"里进行校园招聘，同时相当看重简历，你毕业于哪所学校（尤其是本科）？学的是什么专业？成绩如何？然而，莉娅的本科和 MBA 学校都不在那些投行的"招聘清单学校"中，如果单纯地递交简历申请全职工作，她将在筛选简历环节就被筛掉。

在多次投简历、申请全职工作渺无音讯后，她再次想到了曲线救国的办法。那时，她一心只想进那几家投行，无所谓全职或兼职，于是她索性申请了几个非全职的兼职职位。最终，她如愿以偿到了某知名投行的中后台部门做起了兼职，半年后因为工作表现出色转成正式员工。莉娅开始意识到中后台员工工作虽然稳定，但是上升空间不大，她开始希望转向更依靠个人能力的前台。最终，她又花了一年多的时间，成功跳槽到了另外一家同等级的知名投行里，不但拥有了更高的职位，这个职位还在紧俏的前台团队之列。

这对夫妻的故事是不是很有趣？一路名校精英教育的老公，哈佛毕业后选择躺平，领着家族信托工资，享受阅读、音乐和艺术的乐趣。而出身普通的老婆，一路"野鸡"学校，成绩也马马虎虎，却敲开了知名投行核心部门的大门。

2023 年 6 月 29 日，美国最高法院裁定大学录取中考虑族裔因素的平权运动（Affirmative Action）违背了保障平等权利的宪法第 14 项修正案，我当时很好奇莉娅夫妻二人对这一裁定的看法，便留言询问她。她在短信里回复了这样一段话：我不支持任何一方！大学教育并不能定义你是谁，也不能定义你在生活中会取得多大成功，年轻一代已经意识到了这一点。

莉娅通过她和老公的故事，充分地证明了她的观点：出身和教育并不能定义一个人的未来。

初看莉娅这段话时，我理解成了这是一种"教育无用"观点的表达（莉娅本人可能并无此意）。我个人作为教育的追捧者，想要立即反对这种观点。不过，抛开教育是否有用这个话题（答案必然是肯定的），精英教育是否有用？这倒是一个有意思的话题。读清华北大、牛津剑桥、常春藤校、拥有黄金简历是否真的有助于个人事业的成功？

在收到莉娅留言的当晚，我开始了我的研究。我先把成功的定义缩小到成功企业家这个很窄的范围。在中国，50 后、60 后成功企业家的教育背景可谓是五花八门，而 70 后、80 后名校背景的企业家越来越多，但我并没有对中国成功企业家的教育背景做详细研究。因为，中国目前的成功企业家们都拥有着中国经济崛起的大时代背景，中国过去四十年左右创造的浪潮和机会在任何其他国家，甚至在中国未来都很难复制。等我的孩子长大后，我相信中国很可能会像今天的欧美一样，进入一种发达国家式的更平缓稳定的发展状态。因此，在研究自己孩子教育方面，我更愿意参考美国今天的教育现状，因为这很有可能成为我孩子在未来面临的教育状况。

做了一些功课后，我发现美国有很多文章报道过类似的研究，比如芝加哥论坛报（Chicago Tribune）网站在 2023 年 2 月更新过一篇《美国最富有的 25 位企业家就读于哪所大学》（Where the 25 richest American billionaires went to college）的文章，该文章详细研究了美国最富有的 25 位企业家（摘自《福布斯》实时亿万富翁排行榜 2022 年 10 月榜单）的教育背景，并提出疑问：上名牌大学是个人致富的关键吗？该文章得出如下结论：

第一，这 25 位最富有的美国企业家都接受过高等教育，上过一些大学（有退学的）。

第二，25 位企业家中有一半以上就读于常春藤盟校（其中最富有的三个人都就读于常春藤盟校），其他人就读于公立州立大学，还有一些人就读于小型私立文理学院。哈佛大学是入学人数最多的大学，25 位成功企业家中有 4 人就读于哈佛大学（包括退学的比尔·盖茨和马克·扎克伯格）。

第三，25 位企业家中的大部分人都学习了与自己职业和财富来源相关的科目。如，埃隆·马斯克获得了经济学和物理学的本科学位；杰夫·贝索斯学习了电气工程和计算机科学；耐克创始人菲尔·奈特学习商科，并作为俄勒冈大学田径队的中长跑运动员参加比赛。

第四，文章认为，一流的教育往往可以帮助学生建立人脉，帮助学生改善未来的收入前景，但并不能保证让每位学生都跻身进最富裕的 1% 的人群里。

我自己统计了一下，上述 25 人中有 17 人就读于公认的顶尖美国院校（常春藤盟校、斯坦福大学、麻省理工学院、芝加哥大学）。由此可知，精英教育还是非常有用的。

如果想成为成功企业家，当社会发展趋于平稳后，尤其是没有太多的时代红利时，个人能力（包括企业管理能力、行业相关知识技能等）则显得尤为重要。顶尖的高等教育院校，因为有更好的教育资源、更优秀的教授和同学、更先进的科研设施、更高的教学水平等，对提高个人能力，尤其是对提高行业相关知识技能，有非常大的帮助。

不过，大部分的父母并不奢望孩子成为世界最富有的那一小撮人，毕竟这个奢望遥不可及。大多数的父母更希望让孩子拥有黄金简历，从而让孩子完成社会阶层的跃升。

如果说上述 25 位美国最成功的企业家并不能代表大多数人，那我们可以来看看拉吉·切蒂（Raj Chetty）、纳撒尼尔·亨德伦（Nathaniel Hendren）、帕特里克·克莱恩（Patrick Kline）和伊曼纽尔·赛斯（Emmanuel Saez）四人，于 2014 年 11 月在《经济学季刊》上发表的研究报告——《机遇之地在哪里？美国代际流动的地理》（ Where is the land of Opportunity? The Geography of Intergenerational Mobility in the United States ）。

代际流动，又称"异代流动"，指同一家庭中上下两代人之间社会地位的变动。这份报告通过研究超过 4000 万儿童及其父母的收入管理记录，来描述美国代际流动性的三个特征。

特征一：父母的收入与小孩儿的收入呈现高度相关；父母收入的高低与子女入读大学的比例呈现线性相关。父母收入在社会中的排名，与其小孩儿 30 岁时在社会中平均收入排名的关系基本呈线性。平均而言，父母收入每增加 10 个百分点，子女收入增加 3.4 个百分点。

特征二：美国不同地区的代际流动性差异很大。如，从收入最低的五分之一的家庭中，一个孩子进入收入最高五分之一的阶层概率在夏洛特为 4.4%，在圣何塞为 12.9%。

特征三：高流动性地区具备的因素:（1）较少的居住隔离（如，种族居住隔离、贫富差距居住隔离等）;（2）更小的贫富差距;（3）拥有更好的小学;（4）更多的社会资本;（5）家庭稳定性更高。

至于大家最关心的"教育是否可以改变阶级"这一问题，他们同样做了研究。研究表明，大学教育起到了平衡器的作用，大大降低了父母收入与子女成年收入之间的相关性。研究还显示，入读学校的层次越高，这种相关性降得越明显。

总结一下，代际流动性的第一个特征表明:**阶层已经开始固化。**但大学教育降低父母收入与子女成年收入之间的相关性，这说明**教育仍是人突破其原有社会阶层的重要途径**。入读学校的层次越高（所谓的精英教育），父母收入与子女成年收入之间的相关性就降得越明显，这再次证明**精英教育还是有用的**。因此，我们不难理解，为什么无数家长想通过教育，通过让孩子拥有黄金简历"翻身"，跃升到更高阶层。

当然，精英教育并不能保证每一位学生都能成为精英，但如《芝加哥论坛报》（Chicago Tribune）的文章所述，精英教育可以改善未来的收入前景，提高个人在专业方面的能力，加上校友关系，让人有更多的机会、更高的比例获得成功。

简而言之，黄金简历有助于找到黄金工作，精英教育有助于一个人取得科研或商业成功、完成一定程度的阶级跃升。此时，我开始持续地思考，并引入了我的第二个问题：育儿的目标是什么？黄金简历、精英教育、阶层跃升以及事业成功是我的育儿目标吗？

在刚刚认识丹后，我便开始思考，黄金简历之后是什么？黄金简历看似是学生时代的句号，但放在人生漫漫长路上，其实它只是逗号，只是人生的开始。

2019 年 12 月，在纽约我朋友的烘焙店里，和莉娅等朋友在一起时我第一次见到了丹，我们一边品尝还未上市的新品面包，一边讨论教育。我已经忘记当时讨论的话题，只记得回到酒店里我对孩子的爸爸小咖球（孩子给爸爸起的外号）说：
"所谓的黄金简历也不过如此，美国所谓的精英教育也不过如
此，哈佛也不过如此，法律博士也不过如此。"

那时的我，并不认为丹是成功的，甚至对他的生活产生了
质疑。因为他没有参加过朝九晚五的工作，这让我开始质疑他
是否浪费了教育资源、是否没有回馈社会、是否没有为自我创
造价值等。在之后很长一段时间里，我一直认为丹是一个美式
精英教育失败的案例。

后来，我生了孩子，成为母亲，随之又经历了席卷全球的
新冠肺炎疫情和隔离、见证了挚友遭遇人生重击、经历了产后
抑郁、经历了没有工作当全职妈妈所导致不安的日日夜夜。

后来，我开始捡起二十多年未碰触过的钢琴，午夜一个
人，戴着耳机，反复练习某一首童年弹过的曲子，在音乐里
排遣情绪；我开始大量阅读心理、哲学书籍，在书本中化解困
惑；我找过工作，因为种种原因得到了录取却无法上岗；我开
始寄情于尾波冲浪，在浪花中一次次跌落水中，再重新站回到
冲浪板上；我开始零零散散地写一些随笔。

后来，我发现人的观点是流动的、变换的。随着更多的事
件、更多的经验、更多的碰撞与思考，我的观点也在不断地
变化。

终于，有一天我坐了下来，又一次思考第二个问题：教育
的目标是什么？是接受精英教育并拥有黄金简历吗？是阶级跃
升吗？是获得狭义的事业成功吗？是拥有幸福的一生吗？这些

问题不但对我自己的持续学习很重要，在我对教育孩子的漫漫长路上也很重要。

罗莎是我的一位朋友，她的先生成功创业并将公司上市，夫妻二人如今已实现财富自由，晋升到富裕阶层。她把女儿送进了香港最知名的一所幼儿园里，女儿班里的同学非富即贵。

罗莎曾多次向我形容她女儿班里的一位很"鸡娃"的母亲，这位母亲给孩子报名了无数个课外班，孩子还在幼儿园上小班的时候，就已经可以自主阅读幼儿园大班的中文和英文读物。

"听说她为了生出大月龄的孩子，是掐准了时间怀孕的。"罗莎妈妈神秘地跟我说。

"哦？她孩子是几月出生的？"

"九月。在我女儿班里，她孩子的年龄最大，也难怪在各个方面都更优秀一点儿。"罗莎继续说，"你知道，她父母都有什么背景吗？"

"什么背景？"这也激发了我的好奇心，我很想知道如此优秀孩子的家长背后拥有怎样的人物画像。

"她老公是一家外资投行的高管，她亲口跟我说，她老公去年光交税就交了两百多万港币。"

"什么？"我略微有些震惊，"那她老公很优秀啊，交这么多税，一年怎么也得挣一千多万港币吧。"

"但他也只是中产阶层。"罗莎笑笑说。

"怎么会？挣这么多还是中产阶层？"我有些惊讶。

"是啊，还是财务不自由。她自己说的，家里还有几千万港币的房贷；现在市场情况不乐观，不能保证每年都有这么高的收入。她还跟我说：'我为什么这么鸡娃，是因为我不像你，我的孩子没有退路啊。'"

"哎，说得也没错。"

"所以，你知道什么阶层的父母最鸡娃了吗？"

"中产阶层？"我小心翼翼地回答。

罗莎看着我，笑着说："没错。"

那一天，我都在思考中产阶层试图让孩子通过教育完成阶层跃升的事情。

晚上回家，我跟孩子的爸爸小咖球讨论："我觉得中产阶层是'鸡娃'的主力军。"

"哦，怎么说？"小咖球坐在沙发上，面对我突如其来的一句话，有点惊讶。

"无产阶层，没有空余的时间或者多余的资金花费在孩子教育上。富裕阶层，就是那些实现财富自由的人，他们已经爬到顶端，教育往往都是为了自我实现，不再考虑阶层跃升了。

而中产阶层，又想往上爬，又有余力和经济条件，所以是最鸡娃的人群。但是……"

"但是什么？"

"我认为，那是无用的。"我有点无力地说。

"怎么说？"

"我认为，通过教育，让孩子实现阶层跃升是有上限的，上限就是超一线城市打工的金领。仅通过精英教育，无法让一个人变得财务自由。因为那些事业上有重大突破、赚到钱，或者改变世界的人，往往除了教育，还有很多机遇和运气因素在里面。就像上次罗莎老公所说，他们北大一个宿舍八个人，奋斗到今天只有他实现了财富自由，而他的室友们都跟他一样优秀和聪明，但到现在仍是普通的打工者。"

我顿了顿，继续说："因此，即使罗莎女儿同学的妈妈已经处于中产阶层的顶端，但想要通过孩子的教育再上一个台阶，真的是小概率事件。"

"这我认同，教育本身无法保证孩子爬到食物链的顶端。但是你上次不是研究过嘛，精英教育对阶层跃升是有帮助的，可能大部分中产家庭只想让孩子再往上跃升一两级。"

"是有帮助。但是，从中产的一个阶层跃升到中产的另一个阶层，仍是中产。量化来讲，从资产二十万元跃升到两百万元，再跃升到两千万元，甚至更多，依然很难实现真正的财富自由。"我继续解释。

"那跃升到二千万元，不就好了吗？"

"他们其实不知道，他们依然被困在中产的陷阱里。他们也不曾想过，中产的上层就真比中产的下层幸福吗？阶层只代表资产的多少，但这并不能决定人的幸福指数。举个例子，成都中产阶层的孩子费了半天劲，从名校毕业去了香港，但他还是朝九晚五的打工族。他看似挣得更多了，但是花销也更大了，欲望也更大了。在成都，他贷款 200 万元买房子；在香港，需要贷款 2000 万元买房子。在成都，他吃 200 元一顿的火锅很开心；在香港，他也许要吃 2000 元一顿的西餐才开心。在成都，他穿上千元的衣服很知足；在香港，他可能想要上万元的名牌。成都的父母省吃俭用，供孩子去香港读书，但孩子在香港读书工作以后为后代继续省吃俭用，希望自己的后代到纽约上学，周而复始。"

　　……

　　小咖球没有接话。

　　我继续说："中产阶层的父母费尽千辛万苦，让孩子挤进了另一个中产阶层，上一代和下一代都在这样的循环里面，被富裕阶层画的饼牵着鼻子走。富裕阶层告诉你：房子越贵越好、十道菜的西餐更好吃、欧洲是度假胜地。但是仔细想想，香港的这些中产真就比成都的中产更幸福吗？'中产上游的中产'真就比'中产下游的中产'更幸福吗？如果不是更幸福，那大家费半天劲在干吗？"

　　……

　　小咖球还是没有反应。

"我觉得，越来越多的人已经意识到了这一点。你看国内很多三四线城市的人，费尽千辛万苦、千军万马过独木桥考到一线城市，好不容易找到工作留下，但是工作几年后发现一线城市的工资虽然高，但是生活质量可能还没有在三四线城市过得好。最近在网上时常刷到一些视频博主说要从北上广辞职，回到老家，比如成都、苏州，拥抱质量更高的生活。"

"那你想说明什么？"小咖球终于开口了。

"我想说，尽管很多人很卷，但他们不知道卷出来的生活其实不一定更好。"

"那他们应该怎么办？"

"应该放松心态。"

"但你想过吗？大部分人都是在中产内阶层跃升后，猛然回首发现也不过如此。"小咖球开始严肃起来，"你住过纽约，住过香港；吃过火锅，吃过十道的西餐；去过九寨沟，去过巴黎，然后你得出结论，这其实都差不多。那些向上跃升的人也一样，他们考出来并来到北上广深，经历过、生活过，最后决定回到老家。但你并不能因为你自己看过世界了，觉得世界也就那么回事，就建议别人不看世界了。"

小咖球顿了顿，继续说："这就好比登山。首先，人生这座山没有山顶，一山环比一山高，一切皆有可能。其次，山还是要自己爬，教育有可能让你爬得更快，但是你能爬多高，则是未知数。最后，你不能因为自己爬得比别人高，觉得高处风景也就那么回事，就回头对山脚下的人喊'你们别爬了'。你怎么知道，当山脚下的人爬上来后，会看到跟你相同的风景呢？高处有时云雾缭绕，也有时波澜壮阔。"

我仔细想了想，觉得小咖球说得有道理，似乎是我欠考虑了。"你说得在理。人生就像爬山：继不继续爬、爬多高，能看到什么风景，是否喜欢这些风景，是否想下山，没有对或错之分。我不应该觉得想要往上爬的中产在做无用功，他们如此这般，肯定是因为高处有他们想要看的风景。"

"说起阶层和教育，"小咖球说，"我对咱们孩子的希望是教育不只让他往上攀爬，更是希望他通过教育，可以是学校教育、家庭教育或者自我教育，学会穿越阶层向下看的能力和心态。要知道，当一个人爬得越高时，反而可以向下看得越多、越广，从而学会理解这个世界、同情和体谅他人，有一颗悲悯温柔的心。"

就此，我得出精英教育和阶层跃升，是否想向上跃升因人而异。我只想在此处建议，希望每位父母可以给孩子一些向下看的机会，让他们知道自己是何其幸运，让他们看到世界是何其深广，让他们学会共情、包容、理解，让他们心中滋生温柔。

那么，什么才是成功？什么又是幸福呢？世俗对成功的定义比较狭窄，成功二字总是和事业及财务相挂钩。就连我在第

一个问题"研究成功和精英教育关系"时，对成功的第一个定义就是财富丰厚的企业家（我为自己没有在第一时间想到成功的科学家而自责）。

随着我的年龄越来越大，去过的地方越来越多，也认识了更多形形色色的人，听到、遇到更多让我惊讶的故事，我的三观在不断地变化。直至今天，我的三观变成了什么模样，已经很难用只言片语描述。但在这些变化中，我唯一能确定的是我变得更加包容了。

我开始觉得成功是多种多样的：为社会创造价值的人是成功的，简简单单自己开心的人也是成功的；可以改变世界的人是成功的，只想用心去感受这个世界的人也是成功的；成功可以是拥有经济、地位和名望，也可以是在鉴赏古典文学作品和演绎经典钢琴曲中感受文学和艺术之美。一个人的一生是否成功，可以有社会的认可，但并不一定需要别人的认可，一切皆取决于自己对成功的定义。

想到这一点，再回头看丹的生活，他沉浸于音乐之美、享受着文字之悦，随心且松弛、自由且自在。我相信他自己在众多选择面前选择了这条路，至少他自己肯定觉得有意义、成功且幸福。这就足够了。

在想通这件事后，我很感谢丹，他让我看到了生活方式的多样性，让我更加包容地看待人生的意义，也让我对我自己提出的问题有了答案。精英教育和黄金简历确实可以给一个人提供更多成为狭义成功人士的机会。不过成功不只是阶层跃升，不只是狭义上的企业家、科学家等，成功的定义可以是多样的，因此教育的目标也可以是多样的。可以是希望孩子成为一辈子相对开心的人，可以是希望孩子找到他热爱的事业，可以是希望孩子探索世界、探索自己，等等。

想通这两个问题后，我的教育观点有了一次重大转变。从过去希望孩子考上清华北大、牛津剑桥、常春藤，拥有黄金简历和狭义的成功，改变成为：（1）我希望他健康并且正直。（2）我希望他在离开校园后依然保有对学习的热爱。（3）我希望他在人生漫漫长路上，可以做他想做的事情、做他觉得开心的事情、做他觉得有意义的事情、做让他自己觉得成功的事情。（4）我希望他自己去定义什么是开心，什么是成功，什么是幸福。（5）我希望他用自己的经验和意识，选择自己的路。而我，在这条他选择的路上是他的观众，亦是他的陪伴者。

目前的我，以这样的目标做导向，并没有为孩子未来追求精英教育而提早做打算，更多的是一种随遇而安的状态，静待他自己的发展。

最后，你可能想知道，在纽约知名投行工作的莉娅，她觉得成功吗？我从来没有问过她这个问题，如今，我更不需要问了。在这几年，莉娅在不同的投行里反复跳槽，终于在一年前辞去了投行的工作，离开金融行业。她在短暂休息后决定和朋友创业，与此同时，也开始在互联网上做时尚意见领袖。

莉娅一直热爱时尚，在看了她的个人时尚生活方式账号后，我突然想起那段我们一起在纽约的时光。那时的她还是个学生，没有经济实力购买设计师品牌的成衣，但这并不妨碍她掌握搭配的精髓，那时她就可以随意用一些快消单品搭配出让我觉得惊奇又美妙的造型。偶尔她还会攒下一些生活费，等着纽约每个季度的打折季，叫上我去萨克斯第五大道精品百货店买上一双折上折的克里斯提·鲁布托（Christian Louboutin）红底鞋。仔细回想，我似乎还可以听到我们那时拎着打折鞋子的购物袋、走出百货店、走在第五大道上的笑声。那时的纽约，天空中似乎总是飘过幸福的音符。

我想，今天作为时尚博主的她，虽然没有黄金简历，应该也已经找到了自己人生的成功和幸福。

第 **2** 章

教育观的由来

　　作为父母，经常在育儿理念上与亲人、朋友、老师，甚至孩子产生分歧，大到是否申请某所学校，小到是否该让孩子多看十分钟电视。那么你是否想过，教育观从何而来？哪种教育观又更好？当我们跟别人的教育观产生分歧时，应该怎么办？

2 月的 Samnaun（萨姆瑙恩，瑞士的一个小镇，位于瑞士和奥地利边界）小镇，午夜开始的漫天大雪已经纷纷扬扬地下了一整天了，像是永远不会停歇一样。酒店房间里的蒸汽壁炉在静谧的夜晚嚓嚓作响，忽明忽暗的虚拟火光在壁炉里扭来扭去，好似在跳舞一般。我捧着手机，一边望着窗外落下的皑皑白雪，一边关注着一班从英国伦敦飞往瑞士苏黎世的飞机。打开手机里的"航旅纵横"APP，上面显示该航班已经于二十分钟前在苏黎世机场降落，但是我依然没有收到露娜的消息。

　　我起身披上一件厚重的滑雪外套，走到阳台上。那些白日里喧嚣的免税商店和热闹的街市此时都像睡着了一样，只有一堆一堆安静的落雪，迎着月光，反射出微弱的光芒。每一颗冰晶似乎都是一个小生命，在夜晚微弱的月光下眨着眼睛，直至第二天早晨太阳升起，缓缓地融化在温暖的阳光中。突然，手机屏幕亮了，"降落啦!"是露娜发来的短信，我终于舒了一口气。

　　朋友们约着一起来瑞士滑雪，大家都到齐了，只剩露娜一人在路上，加上又是午夜的飞机，不由得让人有些担心。得知降落消息后我依然无法入睡，一边裹着那件厚重的滑雪服坐在阳台上给自己倒了杯红酒，一边不停地跟露娜以短信方式聊天，直到接到了她的电话。

"都弄好了，我刚坐进了 Uber。"电话那头传来劳累却又兴奋的声音。

"大半夜的，你怎么不让酒店接机呀？"我问道。

"我发现，Uber 比酒店接机便宜很多。"露娜潇洒地回答道。

我跟露娜相识时，大家都在芝加哥附近读书。因为都热爱时尚，喜欢购物，所以我们在芝加哥的某品牌店里买东西时认识了彼此。露娜的家庭条件优渥，那时候的她热衷于购物，每日穿梭在各个品牌店里。那几年，她为了买到喜欢的爱马仕包包，一度只去有爱马仕专卖店的城市度假旅游，为此游遍了欧洲。露娜生孩子比较早，大学毕业后不久就成了母亲。忘了从哪一天起，可能是露娜大儿子三岁时，亦或是二儿子出生后，她的生活发生了翻天覆地的变化。她不再跟我聊时尚和设计了，谈起购物时两眼也不再放光。相反，她开始热衷于探索一切跟孩子有关的话题。

在我还没有孩子的时候，我不理解，甚至排斥露娜这种突如其来的变化。但在自己成为母亲后，我终于理解了这些将孩子放在首位的妈妈们。露娜是我的朋友中最"鸡娃"的家长之一，不管是否认同"鸡娃"这件事，我依然被她在孩子教育上的用心所感动。同时，她也是一位非常喜欢分享的母亲，在我的育儿路上为我分享过很多与教育相关的经验和心得。

有一阵，我发现我的孩子对色彩和画画充满兴趣，刚从香港搬回上海的我想到了露娜。我只是在微信里面问了一句上海有推荐的美术课家教吗？热情的露娜就洋洋洒洒地回复了我几十条相关内容。其中给我推荐了四家机构，并且详细地介绍了每一家的优劣。同时，她还跟我说孩子美术课应该何时以及如何起步最好。信息充实、条理清晰、简明扼要，比我工作中见到的汇报信息都要专业。我突然想，如果露娜把这份育儿热情用到任何工作中她都会做得很好。

除了美术，体能、数学、英语、中文、国际象棋、滑雪等，只要是她研究过的项目，她的研究之深、资料之多都令我叹服。每一次我们在微信中讨论育儿，她都可以输出很多的观点和信息，我感觉比任何网络中的相关文章都更加干货满满。

露娜曾表示，如今育儿和 XX 就是她的全部工作，是她的事业，是她最引以为傲的成就。（XX 是什么，我将在下一章讲）

露娜已经坐上了 Uber，估计还需要 3 个小时才能抵达酒店，用前台留好的房卡打开门睡到我旁边的床上，那么现在我

赶紧用这段时间回忆一下露娜的育儿历程。

露娜是美籍华裔，她的先生是中国留学生，两人相识于美国大学校园，大学毕业后便顺理成章地结婚了。婚后，露娜的先生选择继续深造，去芝加哥大学读博士；而露娜则在芝加哥市区开了一家时尚买手店，承担起当时家庭的大部分开销，与此同时，她在芝加哥生了两个孩子。后来，一家四口于几年前移居到中国香港，露娜的先生成为香港金融圈金领，而她则变成了家庭主妇。

在香港生活几年后，她突然决定继续回美国深造，并在某一天对朋友们宣布自己已经同时拿到了宾夕法尼亚大学和麻省理工学院研究生的录取通知书。考虑到波士顿拥有对小朋友丰富的教育资源后，她果断接受了麻省理工学院的录取，一个人，带着两个孩子、一个司机（为其办理了美国签证）、一个保姆（波士顿找的，后来因性价比太低而辞退）到波士顿读书。

这类中年妈妈带着孩子重返校园的例子，不知道为什么，我身边特别多。起初，我对她们不太理解，人到中年这么折腾干吗？求学梦有那么重要吗？夫妻二人常年远距离的代价值得吗？孩子成长中一方家长缺失又怎么弥补？后来发现，不是我的问题多，而是我缺乏改变生活的勇气，而把这种"缺乏"归结到其他原因里，从而掩盖其中的真相。

就这样，露娜带着两个孩子来到了波士顿，把他们送进当地最好的私立学校后，自己开始了在麻省理工的学习。露娜对孩子的教育是这样安排的：每天从学校正常下课后会为每个孩子再分别增加两节课，一节体能课和一节知识课（包括数学、英语等），而且都是私教课。这个教育路径从香港一直保留到了波士顿。她曾跟我讲述她这样做的逻辑：第一，孩子一人一天体能课是必须的，现在的孩子学习压力这么大，好的体能基础很重要，她并不要求孩子去学某一项特定的体育竞技，也不抱着在未来通过体育加分的目的，只是单纯地为了提高孩子们的体能。第二，孩子每天必须上知识课。她比较重视数学和逻辑（这点符合大部分华裔妈妈的作风），所以请了私教教数学奥赛，同时还请了私教教国际象棋。露娜本人虽然没有在国内接受过教育，但可能受其老公的影响，她是中国传统基础教育的支持者，认为打下数理化的扎实基础很重要。第三，她坚持为孩子请私教，每个孩子一天两节课，两个孩子每天共四节课，一周七天不间断。她觉得不管在香港还是波士顿，放学后带着孩子奔走于各个补习班之间很浪费孩子的时间，为了节省孩子们宝贵的时间，她便开始全部请私教。忘了从什么时候起，条件优渥的露娜开始变得节俭起来，再也不会像大学时期那样大手大脚地花钱了。有一次，她对我说，现在每当进行不必要的消费时，她都会换算成"用这些钱可以请名师给孩子上几节课"，算着算着，她就不想进行这些非必要的消费了。

露娜终于在 Samnaun 当地时间凌晨 3 点多到达了酒店，半

睡半醒、迷迷糊糊的我忘记是否同她打了招呼，只是终于放下了那颗悬着的心：同行的小伙伴们全到齐了！

露娜迟到的原因也跟她儿子有关。她的两个孩子在波士顿读私立学校，美国每年 3 月底有为期一周的春假。露娜的大儿子喜欢滑雪，他们已经在寒假时去科罗拉多州滑了整整一个月的雪了，春假将至，大儿子提出想到瑞士滑雪。露娜自己没有在瑞士滑雪的经验，趁着这次大家相聚想顺道为大儿子考察一下瑞士的雪场、滑雪教练、交通等。等一个月后大儿子放假时，就可以给他安排一个高效的滑雪假期了。至于二儿子，露娜打算让他到北京参加一个为期一周的奥数集训班。（你没听错，在初级教育阶段，很多华裔家庭会在假期时把孩子送回国内补习。即使只有一周假期也会把孩子送回国的，我还是第一次听说）

那段时间，从波士顿到北京没有直飞，所以露娜带着二儿子从波士顿一起飞到伦敦，再送孩子坐上伦敦飞往北京的飞机，由老公的长辈在北京接机。她则等孩子上飞机后再搭乘从伦敦飞往苏黎世的航班，但这时就只剩下午夜的航班了。由苏黎世到 Samnaun 没有直达的公共交通，坐车需要 3 个多小时，或者可以乘坐直升飞机。露娜给我留言："直升飞机太贵了，可以让我家老大上好几节国际象棋大师课了。"于是，她果断选择乘坐 3 个小时的汽车。

Samnaun 是瑞士东部的一个免税滑雪度假村，由于历史原因，它是瑞士境内唯一一个免税小镇，这里不但有化妆品、手表、服饰等免税物品，也是瑞士著名的滑雪胜地。Samnaun 度假村与奥地利的滑雪胜地 Ischgl（伊施格尔）相连，并共同拥有阿尔卑斯山东部最大的滑雪场 Silvretta Arena。如果你是技术不错的滑雪爱好者，可以来这里滑跨境雪道，在两个国家之间来回穿梭。Samnaun 和 Ischgl 都有上山的缆车，在正中间的山头上就是瑞士和奥地利的交界线，一个看似随意的指示牌插在那里。面向指示牌，左手边是奥地利，右手边是瑞士。这里没有边检，偶尔有海关人员检查走私（因为 Samnaun 是免税镇），但我在这里滑了一周多也并未碰到一个海关人员。

因为 Samnaun 和 Ischgl 这片山脉太大了，小伙伴们的滑雪水平又各不相同，所以白天大家会分头行动，有人（比如几位欧洲朋友）从小就在这座山上滑雪，早已轻车熟路，有人（比如我）人生地不熟，加上滑雪技术差强人意，全天都需要教练带着。因此大家约定在午饭或者下午休息时间在餐厅碰面。雪山里的一些餐厅，会从中午开始就大声放着时髦的电子音乐，滑雪者脱下厚重的头盔和手套，拉开雪服拉链，不论男女老少都露出里面漂亮的滑雪毛衣，点上一杯酒（或者几瓶酒），一边吃一边喝一边跳舞。直至太阳即将下山，再重新穿戴上装备滑下山。

我和露娜之前一起滑过雪，都属于技术比较差的那一类。在 Samnaun 的第一天，雪山上吃饱喝足玩得尽兴后，日落时分，教练问我想不想滑回 Samnaun 小镇。我反问教练："我行吗？"她肯定地回答："你可以的。"从山上滑回小镇的雪道是一条红道。红道是介于蓝道（简单）和黑道（难）之间中等难度的雪道，这条雪道在丛林之间，非常狭窄。日落时分，无数人滑过这条道，雪道上的部分雪已经化成冰，变得异常难滑。我拉着露娜陪我一起滑回去，心想反正大家技术都差，只要有她一起做伴，心里就踏实了；我一边这样安慰自己，一边跟着教练滑入这条雪道。谁知道，露娜在跟着我和教练滑了一小段之后对我说，"你滑得太慢了"，竟然自己一溜烟儿就滑走了，一下子在路尽头的转弯处不见了踪影。我心想：这个家伙什么时候滑得这么好了？我俩上次在美国滑雪不是技术差不多吗？

　　露娜在我之前率先抵达了小镇，并且在雪道尽头的一家酒吧里点了一杯香槟，边喝边等我。而我在教练的带领下十步一摔，跌跌撞撞往山下滑。据露娜描述，她在雪道尽头的酒吧里发现整个酒吧的客人都在观看雪道上的我，看着一个穿着黑色雪服、戴着蓝色头盔的家伙每滑一段都摔倒。搞笑的是每一次我摔倒，这些酒吧里的客人都自发地举起酒杯，大声喊道"Bravo！"而正在雪道上不断摔跤的我并不知道自己已经为山脚下的人们带来了这么多的欢乐和举杯的理由。

　　我风尘仆仆滑完这条雪道后，看着手举香槟杯坐在酒吧里的露娜时气不打一处来。

"原来你不是跟我滑雪水平差不多吗？怎么去了趟科罗拉多，一下子进步这么快？"回到酒店，我和露娜泡在温泉里，我不解地问道。

露娜告诉我，她原来跟我一样，滑雪权当消遣，没有认真学，在丛林里滑最简单的绿道就很开心了。但是在刚过去的寒假里，她的大儿子开始学习滑雪，为了紧跟自己的孩子（虽然有教练，但还是不放心），孩子滑到哪儿她就跟到哪儿。小孩子的学习速度很快，不到一个月就已经可以上黑道了，露娜为了跟着儿子，眼睛一闭也上了黑道。所以从科罗拉多回来后，这种滑下山的中级雪道对她来说已经是小菜一碟了。我一边听，一边想，果然孩子是母亲努力进步最大的动力之一。

我们一行人在瑞士边境 Samnaun 住了几天后，搬到了雪山另一头的 Ischgl 度假村。Ischgl 的酒店已经没有双床房了，我和露娜便一起住进了大床房。两个女生睡一张床，晚上肯定少不了熬夜聊天。正如我所料，在我们即将离开 Ischgl 的最后一个夜晚，我和露娜就孩子的教育展开了彻夜长谈。

话题的起因是我不理解为什么只有一周的春假她也要把孩子送到北京补课。可能是酒喝多了，我没有顾虑地、直截了当地提出了我的问题。露娜倒是随意，很坦然地和我说，她和孩子的爸爸一直在践行"高强度的扎实的初级教育理念"，她觉得孩子的每一分每一秒都十分宝贵，一周的春假如果只是随便玩玩有点儿太过浪费。

"你不觉得对孩子来说太严格了吗?"我担忧地询问道,"这个年龄的孩子还是需要放松,需要玩儿的。"

"不会,严格都是为了他好。"

"你有问过他的意思吗? 这么严格,孩子开心吗?"我依然不屈不挠地问。

"孩子这么小,他还无法为自己的选择负责。如果他现在开心了,将来考不上好大学,他肯定也不开心。"露娜掷地有声地回应着,并且反问道,"你总说孩子开心就好,如果你的孩子说他不想上大学,他觉得每天出去旅游最开心,你会真的让他这么做吗?"

我回答:"我曾认真地想过这个问题。如果他学习优秀、热爱学习、想去顶尖院校深造,作为妈妈我一定尽全力支持。但如果他的确不是学习的料,真的一点儿都不喜欢学习,如果他真的觉得出去旅游可以获得开心,那我会支持他。"

"如果他没有钱去旅游,也不想赚钱,就想花你的钱出去玩,你也会支持他吗?"露娜追问道。

我想了想回答道:"这分两种情况,如果我没有能力在经济上支持他,他只能自己想办法赚钱来支持他的选择;如果我有经济条件,在不影响我自己生活的前提下我愿意为他的选择买单。"

"说白了,这不就是啃老吗?"露娜有点充满鄙夷地问。

"你可以说这是啃老，但如果我有能力可以不让我的小孩儿为金钱担忧，在做人生选择的时候可以不考虑钱，我觉得这是好事。如果他觉得赚钱是快乐的，那就去赚钱；如果他觉得躺着开心，在不妨碍任何人的情况下，如果我有条件支持他，他就躺着。没有危害任何人，我觉得这没什么不好。"

露娜顿了顿，看着我的眼睛一字一句地说："我完全不赞同，我不赞同开心最重要。"

"那你觉得什么是最重要的?"我问道。

露娜坚定地说："什么是开心? 那种吃喝玩乐的开心只是假象、是肤浅的，我认为真正的开心是经历挫折、苦难、磨砺后取得的开心。因此，我希望我的孩子可以通过努力、通过挥洒汗水后享受成功的果实，获得真正有意义的开心。"

那一晚，在 Ischgl 的大雪里我们两个人为"简单的开心"和"有意义的开心"争论得面红耳赤。

瑞士奥地利滑雪之旅后，再次见到露娜是在 2023 年 9 月初。香港经历了罕见的台风苏拉，当地发出最高热带气旋警告：十号飓风。那一天，外面狂风大作、雨水倾盆而下、大树被吹倒在主干路上、股市休市、商场餐厅关门。下午时分室内已经十分昏暗，窗户被一阵阵的大风吹得呼呼作响，同时还夹杂着雨水拍打窗户的噼里啪啦声。我在香港租的房子是一栋老楼，窗户很大又正好迎着风，有几扇窗户的缝隙已经开始漏水，我打电话给物业，他们很抱歉地通知说今天实在没有办法维修，不过还是贴心地派人上来帮我用防水胶带把漏水的窗缝贴了好几层，同时还拿了几条毛巾垫在地上，并且安慰我说很多业主家里都在漏水，让我不要太过担心。在全市停摆的这一天，看着家中贴着胶带的窗户，我坐不住了，也读不进书，更看不进电视，非常强烈地想找人聊天。我开始联系朋友，小心翼翼地询问是否有人愿意在漫天大雨中来我家做客，陪我一起听台风把窗户吹得铮铮作响，陪我聊个天。没想到，响应者巨多。

香港全市公共交通暂停，司机不上班，街上已经没有了出租车。有一位朋友住的离我比较近，在风雨中走了半个多小时；有朋友叫了坚持出车但抬价数倍的出租车；还有一位朋友，多少年自己不开车了，开上车还顺道捎了人一起过来。家里因为临时没有准备，加上台风天没有外卖，只有酒和白水，任何零食、水果和饮料都没有，于是大家纷纷从家里带上了自己的屯粮：蛋糕、零食、上好的茶，一拥而至，聚到我家。人聚齐的那一刻，我觉得好幸福，暴风和雨水敲打窗户的声音似乎变成了有趣的伴奏，因为朋友的相伴，有那么一瞬间，我忘记了自然的可怕和破坏性。

不知道是受极端天气的影响，还是纯属巧合，当天大家的话题都非常严肃。有两位朋友在讨论"这个世界上是否有无私的爱"，两人各执己见，无法达成一致。其中一位朋友拥有一个播客频道，她立马打开手机录音，想要做一场即兴播客。可能是受手机录音的影响，大家在阐述观点时又更加严肃认真了几分。

支持"有无私的爱"这一观点的朋友，她是一位母亲，说："母爱绝对就是一种无私的不求回报的爱。"

我点了点头，表示认同。

另一位同样是母亲的朋友立即反驳："你为什么觉得没有回报呢？我们在养育孩子的同时，其实心里也获得了巨大的满足，这种满足也是一种回报。经常听到一种说法，与其说孩子需要母亲，其实有时候母亲更需要孩子。"

我听了，似乎觉得也有道理。你看，两位都非常爱自己孩子的母亲对"对孩子的爱是否无私"这一话题竟然都无法达成一致。

当我们几个朋友开始慢慢探讨这些概念比较大的话题时，发现大家彼此之间竟然有如此巨大的不同，随着一层层地抽丝剥茧，一位朋友对在座的每一位提出了问题："你为什么活着"。大家顿时都陷入了沉思。

我很幸运在自己比较小的时候思考过这个问题。在这些年里，也看过一些探讨生活意义的书（比如父亲推荐的《自卑与超越》），但截至今日，我对生活的意义还未被动摇。我活着，为了三点：第一，探索世界，感受世界之大美。我想感受高山、感受大海、感受星辰、感受荒漠，登顶喜马拉雅山、去墨西哥洞潜。若有机会能到宇宙看看，那就更好不过了。世界如此广阔，我作为过客如此渺小。若能在我短暂的一生中尽可能多地感受和探索这个世界，那该有多么美好。第二，探索自己。自己为何而有喜怒哀乐，为何时而畅快大笑、时而忧伤流泪。在阅读书籍、观看电影、聆听音乐时，在学习政治、哲学、心理时，很多时候都是在探索自己的内心、跟自己对话。第三，探索人与人的关系，包括探索亲情、爱情、友情、同事等关系，毕竟我是社会之人，探索人类社会，以及我在社会中的角色也是我的目标之一。

在这个风雨交加的下午，每一位朋友都给出了自己"为何而活"的答案。其中一位朋友的回答让我印象最深，也是与我活着的意义相差最远的，她说："我活着，希望让这个世界变得更好，希望可以帮助到更多人。"

总结下来，我活着是为了"探索和感受世界"，而我的这位朋友活着是为了"改变世界"。当我们两个人把这一区别弄清楚之后，后续对很多事情的解读即使有别，也都可以理解了。比如回归到教育话题，我希望我的孩子可以尽可能多地感受这个世界，而她则希望她的孩子可以有朝一日有能力改变这个世界，让世界变得更好。

这位希望"改变世界"的朋友，便是露娜。

作为父母，经常在育儿理念上与亲人、朋友、老师，甚至孩子产生分歧，大到是否申请某所学校，小到是否该让孩子多

看十分钟电视剧。那么，你是否想过，教育观从何而来？哪种教育观会更好？当我们跟别人的教育观产生分歧时应该怎么办？

我认为，教育观有以下几个特点：一是非常的私人化；二是非常的不同；三是没有对错（除极端情况）；四是很难被改变（需要在经历和思考后自主改变）。

一个人的教育观，是他三观（世界观、人生观、价值观的合称）的某一部分的延伸，完全会受其家庭、环境、教育、经历等因素的影响。即使拥有同样家庭、环境、教育背景的两个人也不可能拥有一模一样的"三观"，因此，也不可能拥有完全一致的教育观。

除了极端观点外，很难用正确或者错误去形容一个人的三观。所以，我认为教育观也没有绝对的正确或错误，没有完全的好或坏，相互之间很难比较。

在我看来，幸福可以是简单的、直接的、未经磨砺的；而我的朋友露娜则认为，只有经历磨砺、困难、努力得到的幸福，才是真正的幸福。我认为"感受世界"就足够了；而我的朋友露娜则认为"改变世界"才是人生的意义。我们两个人不一样的"三观"取决于不一样的教育观和不一样的教育路径，何谈对错呢？

一些教育研究人员，在通过大数据统计分析后得出一些相对较为正确的教育观点。但在实际应用时，因为每个孩子的不同、每组家庭的不同、每种教育环境的不同，当然还有我们每位家长的不同，导致完全照搬任何一种教育观点都不现实，也很难做到完全正确。

我很少与他人就教育小孩儿的问题产生争执。每当别人的育儿理念跟我不同时，我都会仔细倾听对方的观点。在这些育儿理念里面尽量找到对方三观的落脚点，然后看看在这些三观里，有没有自己可以学习和改进的地方。

当我意识到双方的教育观区别极大或有冲突时，我像尊重别人的信仰一般先肯定对方的选择，同时尽量杜绝想要"同化"对方的想法。

大家可以感受到，我是一个相对比较松弛的家长，但是经常会在跟一些妈妈们聚会后，在看到很多家长的焦虑付出后，在听到别人的孩子是那么优秀后，陷入短暂的焦虑。但是每当回到家中，我都会分析那些让我焦虑的事情背后的教育观和世界观，思考这些观点是否与我自己的观点相符，如果不相符，我是否可以从这些观点里学习和进步，如果答案是否定的，我便不再去思考这个问题，从而快速停止焦虑。

这里举一个我自己的例子，这个例子我后续会更详细地展开，但在这里先简短地用它阐述一下我的思考过程。我的众多朋友都建议我为孩子选择一所耳熟能详的名校幼儿园，我也曾在一瞬间产生过动摇。但最终，我还是为孩子选择了一所名不见经传的小型幼儿园，只是因为它符合我对早期育儿的教育观（对孩子有爱），同时，在跟学校创办人聊天时，我非常认同她所表达的价值观，所以我不再纠结，坚持了自己的选择，并且停止因为孩子没有上名校幼儿园产生的焦虑。

因此，花一些时间思考那些看似"假大空"的问题，比如三观、教育观、阶段性教育目标等问题，会在育儿这条非常细碎且诱惑极多的路上少走弯路、减少干扰、降低焦虑。

第 **3** 章

真正的成熟，
是承认自己的平凡

　　"鸡娃"是一个网络用语，意思是给孩子打鸡血，望子成龙、望女成凤的"虎妈""狼爸"们为了孩子能读好书，不断地给孩子安排学习和活动，不停地让孩子去拼搏，这种行为被称作"鸡娃"。鸡娃在东亚各个国家里算是常见文化，不过，当时还未婚的我第一次听到竟然还有一小撮人喜欢"鸡老公"。"鸡老公"就是给老公打鸡血，望夫成龙的"虎妻"们为了老公能事业有成，不断地给老公设立目标，不停地让老公去拼搏，这种行为被称作"鸡老公"。

2018 年 4 月，一个星期日的傍晚，中东热辣辣的太阳刚刚躲进地平线后，我乘坐的飞机降落在了迪拜，幸亏晚餐预约的是九点半，时间还绰绰有余，让我长长地松了一口气，不再担心吃不上晚餐。

　　离开纽约以后已经很少这么晚吃晚餐了，我曾去过的地方比如美国、欧洲、南美等，部分城市晚餐开始的时间可以说非常晚，甚至晚上 10 点后开始吃饭也是常有的事，但在亚洲大部分城市，大家享用晚餐的时间相对都比较早，中国香港和新加坡还稍微好一些，都是在晚上 7 点左右。刚搬到上海时，晚上 6 点就开始吃晚饭，这是一件让我非常难以适应的事情。在上海，比较正规的晚餐宴请一般都是从晚上 6 点到 7 点开始，7 点半开始的都比较少见。曾经有一次在上海参加正式晚宴，是晚上 8 点开餐，看到邀请函的时候我都有些意外。不过后来一想，这场晚宴是由住在上海的法国人组织的，参与者也基本全部都是外国人，那一切就都变得合情合理了。

　　确实，各个国家关于用餐时间的文化，差异性还是挺大的，只是让我没想到的是，迪拜竟然也是一个吃饭时间不早的城市。可能是迪拜当地穆斯林穿着的各种黑白袍子给我留下了很多"刻板印象"，老是忘记其实迪拜早已是一座跟国际接轨的时髦大都市。我在迪拜的朋友们，毫无例外，每一个不分男女、年龄、国籍，甚至不分职业，都非常的时髦并且华丽。即使是身穿罩袍，从头遮盖到脚的当地穆斯林女性，单单是她们又黑又长的睫毛和深邃的眼睛都有一种华丽感。没错，全球很多大都市里都不缺乏时髦人士，但居住在迪拜的人所具有的这种华丽感是独有的。不知道是他们的穿衣打扮，还是言行举止，抑或是由于沙漠里一幢幢拔地而起的高楼的映衬，生活在这座城市的人独具的那种华丽感，在其他城市里很难看到，甚至连纽约的朋友都模仿不来。

这次迪拜之行的第一顿饭，预约的是 Coya，它是一家在欧洲和中东地区连锁的创意秘鲁餐厅。一般在外旅行时我不会选择连锁餐厅，通常会找一些具有当地特色的餐厅。这次选了 Coya，一是因为它家现场制作的酪梨酱实在太好吃了，上次吃完后一直让我念念不忘；二是因为几年前，迪拜可以算是国际美食荒漠。2018 年时，迪拜并没有米其林三星餐厅，世界 50 最佳餐厅榜单里，也完全没有迪拜的身影，当时迪拜最火热、最流行的餐厅基本都是连锁，如 Coya、Le Petit Maison、ZUMA、Nusr-Et Steakhouse 等。疫情和俄乌战争之后，涌入迪拜的人越来越多，迪拜优质的餐厅如雨后春笋般涌现，风格更加多元化。截至今日，迪拜依然没有一家米其林三星餐厅，不过在世界 50 最佳餐厅榜单里，已经占有两个席位。迪拜，正在慢慢走出美食荒漠。

迪拜棕榈岛四季酒店附近的餐厅气氛都特别好。星期天晚上 9 点 30 分，我们一行三人走进了 Coya，此时餐厅座无虚席、人声鼎沸，一点儿周日夜晚的样子都没有，如同许多城市的周五一样。Coya 除了美食、美酒，餐厅的艺术装置和音乐也都不容忽视，氛围感十足。餐厅分为两个区域，外面比较小的是酒吧，除了吧台座位之外，还有几张高脚桌，这里聚集着餐厅等位的客人，以及一些吃完饭不愿意离开想继续喝酒的客人。人挨着人，已经完全不像是餐厅的吧台，更像是一个音乐没有那么聒噪、灯光没有那么昏暗的夜店。

穿过酒吧区，里面更大的空间就是用餐区域了，复古金铜色调搭配各种艺术品和绿植，别有一番南美洲的风情。我的朋友温妮和凯熙是这里的常客，她们连菜单都不用看，直接帮我把菜点好了，当然包括我最喜欢的酪梨酱。我们三人边吃边聊，吃完后已经快晚上 12 点了，大家起身离开餐桌，直接走进酒吧区域，点了几杯酒，开始"第二场"。此时酒吧的音乐节奏越来越快、声音越来越响，俨然像是一个夜店。

"这里的人难道明天都不用上班吗？"我开始感到疑惑。

"亲爱的，这就是迪拜！迪拜的夜晚都是这个样子的！"温妮举起酒杯，眯着深邃的眼睛看着我。

我们三人站在吧台旁边喝着酒、聊着天，其间有男士不断地接近我们并搭讪，请我们喝各种各样的酒。这些男士里，有两位是住在迪拜的欧洲人、一位是来迪拜出差的美国人，当然还有几位中东人，更有一位男士自称是伊朗皇室后裔（虽然我们并没有信以为真），他大方地为我们开了一瓶香槟，认识还不到半个小时，又邀请我们明天跟他和他的朋友们一起共进晚餐。对这位陌生人的热情，我们深表歉意地拒绝了。我的两位朋友无名指上戴着的大颗钻戒让人无法忽视她们都已经结婚的事实，其中一位更会坦诚相告，她已经是三个孩子的妈妈了。亚洲女性的冻龄状态往往会让欧美人大为震惊。那时候，唯一未婚的我也有稳定的男朋友，但这依然无法阻挡这些绅士跟我们喝酒、聊天的热情。

我曾跟不少朋友讨论过，迪拜是我们去过的城市里最易被异性搭讪的地方之一，容易程度甚至超过了一些欧美城市。最初，这种现象让我感到惊讶，毕竟对中东保守的刻板印象根深蒂固。不过仔细一想，我在迪拜接触到的几乎所有朋友都是外国定居者。据 2023 年的最新统计，因为其多元文化环境和对外籍工作人士友好的法律税务体系，阿拉伯联合酋长国（阿联酋）是最受外籍工作人士欢迎的国家，成为外国定居者的避风港。当地人口只占阿联酋人口的 11.6% 左右，也就是说，阿联酋有将近 88% 的外国人。大部分居住在迪拜的欧美定居者，因为语言、文化、生活区域的原因，较少接触到当地居民。在迪拜，外籍人士形成了固定的交际圈，拥有一种相较于当地人更开放的文化。

我的这两位朋友都是华裔：凯熙出生在英国，曾学习艺术并在伦敦的画廊工作，同时兼职平面模特，又高又瘦，非常有气质；温妮出生在中国，却拥有中国人不常见的小麦色的皮肤、凹凸有致的身材和深邃的眼睛，极具异域风情，绝对是一位人间尤物。两个人都因为先生的原因搬到了迪拜，凯熙的先生是一位英国人，在一家知名跨国律师事务所工作，他从该公司的伦敦办公室搬到了迪拜办公室，一家人自然而然地一起搬了过来。温妮的先生是一位优秀的德国企业家，因为税务原因把公司设在迪拜，温妮便顺理成章地跟过来了。

没错，迪拜有很多欧洲定居者。因为税务条件优惠，很多欧洲企业家都愿意居住在迪拜，加上这里离欧洲不远且航班众多，他们会在迪拜夏日炎炎时搬回欧洲度假几个月，也会在冬日往返于欧洲各大知名滑雪度假村，跟欧洲的亲朋好友们度过阖家团圆的节日。俄乌战争爆发后，很多俄罗斯富豪由于无法进入欧盟国家，便大量涌入迪拜，再加上原有占比就很高的印度、巴基斯坦、菲律宾、埃及等移民，迪拜成了一个真正的国际化大熔炉。除了企业家外，普通的欧洲打工者也对迪拜钟爱有加，因为同样的工作，迪拜的工资不会比伦敦或者纽约少，甚至还会稍高一些，再加上这里没有个人所得税，所以能来迪拜打工也是不少欧洲人觉得完美的出路，比如凯熙的先生。

第二天是星期一，一早醒来便头疼欲裂，一定是昨晚在Coya餐厅玩得太过开心，不小心喝多了几杯。宿醉中的我收到了温妮和凯熙的消息：中午去 day club（日间俱乐部）吃午饭。这两个人酒量怎么这么好，似乎完全喝不醉呢？我更好奇的是，迪拜的妈妈们怎么生活得如此丰富多彩。

由于迪拜的文化语言问题（迪拜公立学校所有科目的教学语言都是阿拉伯语），虽然只要外籍人士符合入学要求，就会被公立学校录取，但是这里大部分外国定居者的孩子还是只选择上国际学校，并且在需要接受高等教育时离开迪拜，去欧美读大学。据凯熙说，迪拜和阿布扎比有一些非常优秀的私立学校，不过这些名校的入学名额非常紧张，许多学校都有申请候补名单。但不同于世界各大城市的华裔妈妈们每天叫苦连天，这里的华裔妈妈们稍微没有那么紧张。

2023 年，我特意向两位朋友都发了相同的信息询问，内容是"我在写一篇关于教育的文章，采访你一下，你觉得迪拜的妈妈们卷吗？焦虑吗？鸡娃吗？以及国际学校好入学吗？"

凯熙率先回复了我的信息："我不太了解你问的这些问题，'卷'是什么意思？'鸡娃'是什么意思？为什么要焦虑？对不起。"（她真实的回复，我一个字都没有改动。）

她的回答出乎我的意料，我甚至开始怀疑我这位朋友的中文水平（其实她的中文水平非常好），我继续追问："最好的国际学校，好进吗？"

"非常好进！"三个孩子的母亲凯熙秒回了我的信息。

比起美国的华裔妈妈们纷纷把孩子送回国内参加补习班，凯熙甚至都不明白她应该为何而焦虑。凯熙已经表明了态度：迪拜的妈妈们不卷、不焦虑、不鸡娃。

过了一会儿，温妮也回复了我的信息，她说："目前，我只是在打听托儿所的消息，上学这个问题，我还没有去了解。"（温妮的小孩儿还比较小）

比起美国东西两岸、伦敦、温哥华、新加坡的闺蜜时常叫苦连天抱怨太卷了，比起中国香港一出生就开始关注学校排队申请亲子课，这两位华裔妈妈的回复已经说明了问题：目前，上迪拜国际学校虽然有竞争，但这里的华裔妈妈们精神状态良好，还没有被内卷，也没有过多的焦虑。

时间回到2018年的那个星期一，当天两个不焦虑的人带着依然还在头晕的我来到 DRIFT DUBAI，这是一家日间俱乐部。日间俱乐部的概念来自欧美，大多以海滩俱乐部或者泳池俱乐部的形式出现，它们往往紧邻沙滩或者泳池，从午餐时分就有 DJ，现场打碟制作各种类型的音乐，大家一边享用美食、一边晒太阳戏水、一边听音乐跳舞，一直畅饮到日落时分。跟夜店销售卡座一样，日间俱乐部会销售日光躺椅位置和泳池边凉台位置，最火的日间俱乐部跟夜店一样，消费昂贵且一位难求。日间俱乐部目前在亚洲还不太流行，我曾在2018年去过巴厘岛的 OMNIA，现改名为 Savaya，但不管从氛围、音乐，还是有趣程度上，都略逊于欧美。但是，迪拜的日间俱乐部绝对走在全球前列，这里有风格各异的俱乐部，比如只开在度假胜地的高端连锁日间俱乐部 Nikki Beach，或者像我们今天去的 DRIFT DUBAI。

DRIFT DUBAI 位于 One&Only 皇家幻境酒店郁郁葱葱的场地内，是迪拜最时尚的海滩俱乐部之一。在 DRIFT，16 岁以下的儿童不得入内，因为这里完全是大人的游乐场。可以不预定日光躺椅或泳池边凉台，只来 DRIFT 吃午饭也是一种享受：半开放的餐厅，标志性的泳池近在眼前，四周围绕着棕榈树，远处是难以置信的迪拜码头天际线景观，最重要的是，这里有如史诗一般的日落景色。

从我们三位入座时，DRIFT 就在播放着欢快的音乐，而我们边吃着饭，边开始不由自主地跟随音乐摇动着身体。

"星期一的气氛太普通了，下次一定带你在周末来一次。"温妮环顾四周继续说道："DRIFT 的周末气氛太炸裂了，前天（没错，我降落之前的周六，她们刚刚来过）我们在这里吃午饭的时候就有人站在桌子上跳舞了。"

温妮表示，这里一到周末，DJ 从午餐时分就开始打碟，音乐 high 得像夜店一样，人们边吃边喝，玩到尽兴时甚至会站在桌子上跳舞。今天，我虽然没有看到站在桌子上跳舞的客人，不过此时已经有一群人在泳池边跟着音乐扭动起来了，吃完午饭的我们也迈着轻快的舞步加入了泳池边的人群。

不出我所料，又开始有男士们接近我们，并且邀请我们一起喝香槟和跳舞。大家一起在泳池边、在有中东风情镂空雕刻的凉亭里，一手拿着香槟杯举过头顶、一手随着音乐打着响指，不断舞动着，要不是夕阳西下，感觉像是永远不会停下一般舞动着……

　　直到快接近晚餐预定的时间，我们三人才恋恋不舍地离开。在前往餐厅的车里，两个人无名指上巨大的钻戒借着路灯一阵一阵地反射出光芒。我问她们两个人的老公呢？

　　一位说："在欧洲出差呢。"

　　另一位跟了一句："我家这个在南非出差呢。"

　　"你俩这么在外面玩，老公会不开心吗？"我终于忍不住地询问。

　　温妮微笑着，眯着她迷人的双眼，默默地看着我说："他不会的，我们只是喝酒跳舞而已，这里的人都是这样。如果他在，我们会玩得更起劲、更开心。"

　　"哈哈，也是，你这么美，你说了算！"看着如此美丽的温妮，这样的尤物确实不该只待在家里，她注定就是各个派对里最闪亮的那颗星啊。

　　"所以，我们这么受欢迎，他们更要努力啊。"凯熙接着说，"我给我老公设立了事业目标，他得努力工作赶紧完成目标。"

　　"什么？你给你老公的事业设立了目标？"我以为我听错了。

凯熙一脸平静地回答："是的，我为他设立了 30 岁之前他应该完成的 KPI（关键绩效指标）。"

"真的假的？"温妮也是一副难以置信的样子。

凯熙无心的一句话让我醉意全无，突然完全清醒了。当晚之后的时间里，我甚至忘记我们去哪里吃了什么，只记得一整晚我和温妮都在询问"为老公设立 30 岁之前事业目标"的事情。凯熙和她的先生年龄都比较小，当时（2018 年）都还不到 30 岁。她的先生是一家知名跨国律师事务所的律师，凯熙是全职妈妈。两个人一起协商后，她为老公设立了三条 30 岁之前的目标：第一，晋升成事务所初级合伙人；第二，入选"中东福布斯 30 位 30 岁以下精英"榜单；第三，出一本书。

我和温妮听到这三个目标时，都倒吸了一口凉气。我心想，第一个目标升职加薪到还可以理解，但作为一个平凡的打工人，为什么会设立第二个和第三个目标呢？当时的我给出了自己的质疑（年轻的时候我还会质疑别人，但是现在的我不会）。事后的某一天，我和温妮单独再见面时依然放不下这个话题。我们觉得给老公制定目标这件事情实在太神奇了。首先，设定目标的意义和可实行性有待考证；其次，工作是非常私人且专业的事情，除了公司为员工设立任务，家庭主妇为先生制定目标，在我当时看来是非常匪夷所思的事情。另外，温妮也认为，凯熙的先生还处于事业上升期，还有很多明确的目标可以确立，但是像温妮自己的老公已经是一位知名的企业家了，她完全不需要也无力插手为老公设立事业目标。

"鸡娃"是一个网络用语，意思是给孩子打鸡血，望子成龙、望女成凤的"虎妈""狼爸"们为了孩子能读好书，不断地给孩子安排学习和活动，不停地让孩子去拼搏，这种行为被称作"鸡娃"。鸡娃在东亚各个国家里算是常见文化，不过，当时还未婚的我第一次听到竟然还有一小撮人喜欢"鸡老公"。"鸡老公"就是给老公打鸡血，望夫成龙的"虎妻"们为了老公能事业有成，不断地给老公设立目标，不停地让老公去拼搏，这种行为被称作"鸡老公"。

多年前的迪拜之旅，让我至今难以忘怀、津津乐道的就是凯熙为她老公设立目标这件事，这是我第一次接触到身边有人"鸡老公"。在我没有结婚前，觉得事业是非常私人和自驱的事情，如果当时我的男朋友或者我未来的老公告诉我，他希望我在几年之内可以晋升到某一岗位时，我会感觉到被冒犯、有压力，以及不开心。

凯熙的故事简直开启了我的一扇大门，但是随着我这些年咨询周围的已婚朋友，发现"鸡老公"绝对不是个例。我听过一些先生"鸡老婆"的故事，但鉴于我身边没有男士跟我直接提供一手案例，所以道听途说来的故事就不在这里讨论了。可能还是文化的原因，在亚裔群体里老公似乎总是被寄予厚望，老婆们比较容易向社会表达她们希望自己老公事业有成的愿望；而男士们，也许心中抱有同样的想法，却很少表达出来。希望太太事业有成，对于男士们来说似乎不是一件很光彩的事情。

这些年，关于凯熙"鸡老公"的故事我偶尔会拿出来讲，大部分时候只是当作一个有趣的奇闻逸事。2023年夏天的一天，我有两位朋友从新加坡来到上海，也是三个女人一起吃饭，我突然讲到这个段子，并且表示"鸡老公"这个行为特别有意思。

在座的伊文突然睁大眼睛，说道："老公就是需要这样激励呀，尤其在他们事业的早期阶段。"伊文继续讲述她在老公事业初期是如何"鸡老公"的："当时，我老公认为拿到甲公司的录取通知已经很好了。但我不这么认为，我一直觉得他的能力不止如此，所以我坚持让他继续面试更好的机会。再后来，也是我一直不断地鼓励他出来创业。他能有今天，肯定离不开我当时'鸡'他。"

伊文及其先生两个人都是我非常熟悉的朋友，伊文的先生现在是新加坡金融圈一位知名人物，他的成功跟个人优秀的能力和时代的红利脱不开关系，但是伊文在那些年对他的帮助也确实是十分重要。当年，若不是伊文坚持让他出来创业，可能也就没有今天的他了。

"不过，也只是当年。现在他好歹也算是个'业内大佬'。"伊文苦笑道，"今天的我无论说什么，他都不会再听了。要我看，男人只能在微时'鸡'一下，发达以后，我们哪里还'鸡'得动？"

"也不是哦，"当晚的另一位朋友菲菲立即摇了摇头，"我也是一直'鸡老公'的，而且直到今天，我依然每年给我老公设立 KPI。"

天啊，我的脑袋嗡嗡作响，原来只是当段子来讲的故事，没想到身边这么多优秀女性都在"鸡老公"，更想不到的是，这么多成功男士都会被老婆"鸡"。

菲菲的老公是一位做实业的新加坡华裔，他的公司很早就已经上市了。菲菲开始讲述她为老公设立 KPI 的历史："我老公刚创业时，我俩都没什么钱，那个时候的 KPI 就是每年给我买几个包，几件珠宝。"

"后来呢？"我饶有兴致地听着。

"后来公司有了起色，我老公赚了点小钱，每年的 KPI 就是让他给我买房子。一开始是买新加坡普通的住宅公寓，后来就买别墅。因为我祖籍是上海的，一直对上海的老洋房情有独钟，有一年的 KPI 就是买一栋上海老洋房，就是你们去过的那栋，现在当成上海的会所了。"原来，菲菲经常摆宴邀请朋友的那栋老洋房是这么来的。

"我就想问，你当年的 KPI 都到老洋房这个级别了，那现在呢？"伊文继续追问道。

"现在每年的 KPI 跟物质没什么关系了，现在都是规定每个月陪我的时间、陪孩子的时间：比如我规定他在不出差的时候，每周两个人要单独约会至少两次，每年全家旅游至少两次，我连一周几次夫妻生活都会放进 KPI。"菲菲眨眨眼睛说道。

"真的假的？"我和伊文几乎异口同声地问："这样会不会就没有惊喜了？"

"不会的，你们下次可以试试看。"菲菲一脸坏笑地回答。

这是让我大开眼界，一直以为妈妈"鸡娃"是常态，没想到原来周围有这么多人都在"鸡老公"。为老公设立明确 KPI 的例子，我身边确实只有两个人：迪拜的凯熙和新加坡的菲菲。可能有更多人这么做，我还没来得及询问她们。不过，更常见的"鸡老公"案例则是像伊文一样，为老公的事业出谋划策、共同努力。

你们是否还记得，在前文里陪我一起去瑞士滑雪的露娜，她曾表示，如今"鸡娃"和 XX 就是她的全职工作、是她的事业、是她最引以为傲的成就。其实她的原话是"如今，鸡娃和鸡老公就是我的全职工作，是我的事业，是我最引以为傲的成就"，现在写下这句话时，我都还记得当初听到时的那种震惊的感觉。露娜不只是说说而已，也确实在身体力行地实践着。

露娜大学毕业后跟老公结婚时，虽然没有设立每年KPI或者30岁前的目标，但是也给老公设立了长远的资产目标（一个非常高的数额）。还好，她老公也很给力，自身非常优秀，毕业后立马进入香港金融行业做起了金领。这几年，露娜一直在鼓励老公创业，她甚至私下里一直在帮老公找投资人。因为她先生在金融行业，之前一直做时尚的她为了帮老公就决定去美国读MBA（这就是她人到中年，带着两个娃回美国的原因），计划毕业后进入香港金融圈，为老公助力。原来只对时尚感兴趣的她，现在关注的都是金融行业的各类新闻和研究报告，她经常大半夜地给我发一些行业里比较有意思的文章。我们两个人在欧洲滑雪时，每晚回到房间对着镜子卸妆的时候她都会用手机听行业报道的播客。有一天夜晚，我们都已经喝得微醺。回到酒店后，我对着镜子正在揪掉假睫毛，露娜则在一旁敷面膜，她手机里播放着"2022年羽绒服行业报告"，那天的房间特别安静，手机播放的声音异常清晰，这是我这几年来听得最认真、最记忆犹新的一份行业研究报告了。

迪拜的凯熙，从画廊辞职后一直保持着对艺术的热爱，在三个孩子长大一些后开始拿起画笔进行自己的创作，现在她的作品已经可以在迪拜当地的一家画廊里面找到了。每年为老公设立KPI的新加坡的菲菲原来是职业女性，生完三个孩子后成了全职妈妈，现在最小的孩子也长大了，她长期进行艺术品收藏，去年开始变成了独立策展人，策划了她的第一场艺术展览。而鼓励老公创业的新加坡的伊文现在自己也在创业，俨然是一位女强人。

我发现，而且也会在后面的故事中不断地证实，其实"鸡娃，鸡老公"的妈妈或妻子，都是自我要求非常高的女性，她们大多追求完美，所以会把这种对自己的努力和鞭策同时要求到每一位家庭成员身上，这就自然包括了孩子和老公。

当然，我也认识不少女性，都在先生早年事业上给到过极大的帮助，但是她们中的部分人在先生成功后，两个人并没有继续走到最后；还有部分人在先生成功后，虽然两个人依然在一起生活，却并没有之前想象得那么快乐。

当今社会，大部分的"鸡老公"跟"鸡娃"一样，其目的都是让自己的老公有更好的事业、赚更多的钱。很少听人说有人"鸡老公"对自己更好一点儿的，新加坡的菲菲在这方面做得不错。但是，当你的另一半有更好的事业、赚更多的钱之后，你就会更开心吗？即使当你有更好的事业、赚更多的钱之后，你自己就会更开心吗？也不尽然。

钱与幸福相关的研究从很多年前就有，只需简单搜索就可以找到很多相关报道。比如，新加坡《联合早报》在 2013 年 12 月 5 日报道说，一项新研究发现，金钱可以买来快乐，不过这快乐是有限度的。据报道，英国华威大学研究人员发现，当人均国内生产总值提高时，国家幸福指数会上升，但是随着财富的继续增加会带来更高的欲望，幸福感反而降低了，而且常常会导致失望。英国华威大学和美国明尼苏达大学发表的联合报告说，在富裕国家，这个"甜蜜截点"是人均国内生产总值大约 3.6 万美元；达到这个数值之后，随着人们想要更好的房子、更好的教育和更多的消费，导致人的紧张和焦虑不断增加，幸福感反而降低了。

在"鸡老公"这件事情上，我通过自己周围朋友的案例，也得到了类似的结论：当女性的另一半条件越来越好，好到超过某些界限后，女性的开心指数反而降低了。经济可以在一开始提高妈妈和孩子的生活质量，但再到后来，银行里更多的零和幸福之间便不再成正相关了。

我有一位陪伴老公白手起家再到离婚的朋友，前段时间她再婚了。有一次，她的第二任老公想辞职创业，她吓得赶紧跑来跟我说："怎么办？他居然也要创业。不成功就算了，万一成功了，我不会还要再经历一次离婚吧？"她问得如此真诚和焦虑，让我哭笑不得。

"鸡老公"和"鸡娃"一样，不是你想"鸡"他们就让你"鸡"，也不是你"鸡"他们就一定会成功，也要看被"鸡"者的天赋和运气；退一步讲，就算你老公真成功了，结果也不一定如你最初所愿。

我一直认为，"鸡娃"和"鸡老公"都是把自己的梦想投射到他人身上的一种体现。而且据观察，年轻的太太在先生的工作和孩子的学习中往往介入较多。但是，大部分女性随着年龄的增长，似乎越来越不"鸡老公"和"鸡娃"了（能鸡出来的就不用鸡了，鸡不出来的可能就放弃了）。可能每一个人，无论男女，在年轻时都怀揣着伟大的梦想和目标；随着年龄的增长，棱角被磨平的同时梦想也被磨少了。忘了哪里看到过一段话说，"成年人真正的成熟，就是承认自己的平凡"，我想很多人随着年龄的增长日趋成熟后，都会在某一天默默地承认，自己只是一个平凡人。又过了一段时间后，慢慢意识到，自己的另一半也只是一个平凡人。最后，终于可以坦然面对，自己的孩子也只是一个平凡人。

我们内心的梦想，可能在我们自己身上落空，也可能我们自己还未来得及实现，一度会投射到我们的另一半身上，后来又慢慢地投射到我们的孩子身上。要知道，这些只是自己最初的梦想。它们唯一能被实现的方式，不是通过我们的另一半，不是通过我们的孩子，而是只有通过我们自己。

今天，你"鸡"自己了吗？

最后，关于新加坡的菲菲给她先生每年制定的 KPI，我问她："你老公每年都能完成你设定的目标吗？"

菲菲开心地笑着说："每年的目标，他都完成了。"

这可是一对结婚将近 20 年的夫妻啊，连续每年完成老婆指定的 KPI，我对菲菲的先生突然肃然起敬。

　　关于迪拜的凯熙，她先生 29 岁时已经晋升成初级合伙人了，是该律师事务所中东办公室有史以来最年轻的合伙人，成功完成第一个目标。不过关于另外两个目标，"入选'中东福布斯 30 位 30 岁以下精英'榜单"和"出一本书"他并没有完成，不过凯熙好像早已忘记了。再问她的时候，她也是打趣地笑笑说："当年这两个目标设立得太幼稚了"。如今，凯熙的先生还就职于同一家律所，已经成为资深合伙人。

第 **4** 章

孟母一定要三迁吗

月秋看着我，有点漫不经心地说："我老公把我的信用卡停了。"

"什么？"我反而变得不解和尴尬，"真的假的？"

"真的。"

月秋和她的先生都是新加坡人，二人有一个孩子。月秋是全职家庭主妇，曾在美国硅谷做过"码农"，之后回归家庭，有自己的积蓄，但平时家庭、小孩儿、个人开销，主要依赖于老公为她办理的美国运通黑卡附属卡。这几年，两口子的儿子在伦敦最好的小学之一读书，月秋便来伦敦陪读；而她的先生，因为生意的原因需要长期留在东南亚。

　　六月的伦敦，还是初夏却已经昼长夜短，渐渐变长的日照似乎让整座城市更加蠢蠢欲动。即使是工作日的上班时间，商业和休闲聚集地也是人潮涌动，好不热闹。一些红火的咖啡馆，室内永远人满为患。虽然没有室外位置，但客人们丝毫不介意，在街边三五成群站着喝咖啡、聊天。步伐较快穿梭在街道中的，大多应该是上班族，但看看时间，也不是上下班时分，也许他们正匆匆赶赴下一场会议。

作为十几年前在北美留学的我，原本在伦敦的朋友不多，除了旅游来过几次，一直对这座城市充满了陌生感。但这些年，陆陆续续涌入伦敦的朋友们越来越多，我对伦敦也越来越有亲切感了。说来也奇怪，朋友生活的城市，即使我不在，可能网上看多了朋友们发的照片和视频，依然充满了熟悉感。这些年新移居到伦敦的朋友里有很大一群人，是陪读妈妈。

六月暑假刚刚开始，还有一批带着孩子来欧洲上夏校的，所以这段时间在伦敦总感觉朋友特别多，每天从早到晚都被各种活动安排得满满当当，热闹极了。

在抵达伦敦之前，我第一个约的人是月秋。月秋不管居住在哪座城市，总是当地最时髦餐厅的熟客。记忆中当年在新加坡的她，每次出现时都穿着最新一季的成衣，拿着各种颜色鳄鱼皮的手包，带大家在新加坡当时最难预定的餐厅里大快朵颐。所以这次来伦敦前，去吃哪家餐厅，肯定是要咨询月秋的。

飞机一降落，就收到了月秋的信息："你想吃的西班牙tapas餐厅Barrafina已经out了，现在要去新开的希腊神话餐厅Bacchanalia"，"不要只知道Annabel's了，现在又开了更私密、更有趣的私人俱乐部，我带你去。"等等。看着她的留言，我就知道问对人了。

飞机落地当晚，一行四人，月秋为大家预定了位于Mayfair

的西餐厅 The MAINE。餐厅装潢是英国旧世界的优雅和纸醉金迷风格，大厅正中央有表演舞台，舞台上方吊着一盏巨大的水晶灯，水晶流苏向四面八方展开，覆盖了整个舞台的天花板。每天晚上都会现场演奏爵士乐，及一小段健康高级的舞秀。

到达时，餐厅已经坐满客人，与伦敦其他餐厅相比，这里亚洲人的身影稍微少了一些，女士居多，每一桌都分外时髦。在舞台的正前方、水晶灯的正下方、大厅的正中间有一张四人圆桌，目测是餐厅最好的位置，正是月秋为我们订的位置。

好久不见月秋，她还是一如既往的时髦。干练的短发，穿着早年 Armani Privé 高定的修身西装，搭配香港小众珠宝品牌 No. THIRTY THREE 的水晶灯珍珠耳环、黑色窄脚烟熏裤、紫色鳄鱼皮 Kelly Cut 手包和有水台的超细跟尖头黑色高跟鞋。月秋指了指耳朵上的珍珠耳环，又抬头看了看餐厅正中央那盏巨大的水晶灯，笑着问："你们能看出来这是水晶灯的形状吗？和今天的环境搭配吗？"她还是一如既往，对时尚搭配充满了巧思，认识这么多年来每次见面，每一条裙子、每一双鞋、每一件饰品，似乎搭配得都有其用心和意义。

整桌虽只有月秋暂时定居在伦敦，但吃饭时大家讨论的话题却大多围绕伦敦生活。不知大家有没有发现，大多数华裔对一个城市的认知必然都是从房市开始，我们也无法免俗：伦敦

房价如何、哪个区房价起来又下跌、哪个区是新秀、哪里有新楼盘、哪位名人又在哪里买了豪宅等。你还别说，房地产的话题讲一讲，对伦敦的距离一下子就拉近了，哪个区好比是香港的中环，哪里像是九龙 ICC，哪里是铜锣湾，整个城市布局立马清晰。

之后是女性聚会的固定话题——购物。哈罗德百货（Harrods）是不是打折了、买东西如何省税、香奈儿（Chanel）越来越贵但每季炒冷饭还该不该买、爱马仕配货还能配点什么。最终，恶俗的话题停顿在了月秋和她的儿子。果然，再时髦的妈妈们也要聊娃，更何况月秋还是一位时髦的"虎妈"。

月秋说她跟老公因为是否应该陪读的问题无法达成一致。她的先生因为她常年带着老大在伦敦，觉得不利于家庭和睦，多次要求他们二人回新加坡，但月秋又因为孩子在伦敦读的是名校，舍不得放弃，加上孩子年纪太小，坚持陪读不肯回新加坡。矛盾似乎因此而产生。

月秋皱着眉头说："我为什么要让孩子放弃伦敦现在这么好的学校呢。"

其实，所谓的"虎妈"无非就是"要求严格的完美主义者"，只是他们除了对自己要求严格，对家人的要求也是一样。就好比月秋，喜欢时尚穿搭，在任何场合，身上的每一处细节，连扣子都需要精心搭配；同理，对孩子教育，什么城市什么学校，只要她能够付出的力求最好。

很多华裔母亲都有这种心态：在我力所能及的范围内，我要给孩子提供最好的一切。

其余三人纷纷表示，那你先生应该感到理解啊，你牺牲了夫妻团聚的时光，一个人陪伴孩子上学多不容易。

月秋看着我，有点漫不经心地说道："我老公把我的信用卡停了。"

"什么？"我反而变得不解和尴尬，"真的假的？"

"真的，他把我的信用卡停了。"月秋淡淡地说，像在诉说别人的故事一样。"没关系，停就停了呗，就花自己的积蓄，大不了少花一点儿"。

大家一时不知道如何接话，沉默了几秒钟。

"真没事啊，"月秋笑了笑，试图打破尴尬，"其实现在的我，花费很少了。对我来说，多买或少买一套衣服、一件珠宝，都没什么区别，日常生活的基本开销其实也没多少钱。再加上，我祖籍可是上海人诶，精打细算，很会过得哟。"

"原来，这么多男人都用经济来制裁另一半啊。"我不禁感慨。

家庭主妇，或者自己小有收入的女性，只要手里还拿着先生的卡，家里还花着先生的钱，无论大家觉得这是多么理所应

当的事，都会有被自己先生经济制裁的风险。

我曾认识一位事业有成的女性，自己创业，做了一家快上市的公司。结婚后她老公给她办了一张信用卡，用作家用和零花钱。她说，她已经实现财务自由了，但还经常因为钱的事情跟老公吵架。老公抱怨她消费过高，而她呢，每次吵架都会冲动地剪掉老公给她的信用卡，发誓再也不花他的钱。但夫妻俩和好后，老公又会给她办一张新信用卡。她的消费也从来没有降低过，周而复始。

我最初听到这个故事时在想，这些财务充裕的女性为何不能完全不花自己老公的钱呢？为何不能自己提供全部家用，自己提供自己和孩子所需的零花钱呢？就这个问题，我也曾问过周围几个财务相对充裕的女性朋友，大家一致翻了我白眼："女人已经付出了较多的时间和精力，如果再付出较多的经济，那男人用来干吗？"

自己当妈妈后顿时明白，大部分华人女性无法做到潇洒自由，对家庭不管不顾，她们为家庭付出了大部分的时间和精力。而大部分华人男性，确实为家庭付出的精力和时间明显少于女性。因此，在男人经济允许的情况下，女人付出更多时间和精力、男人付出更多金钱，这似乎是华裔家庭最常见的配置。

但在出现矛盾时，时间和精力很难通过量化进行比较，但是经济可以；时间和精力很难收回，但是经济可以。没听过"拿人时间手短"的，只听过"拿人钱财手短"的，所以，不管女性觉得自己拿得有多么理所当然，还是手短，还是有风险。像月秋这样，为了孩子读书而三迁的孟母，也会被断卡。

吃完晚饭已经 9 点多了，大家聊得意犹未尽，决定一起到月秋伦敦的家中坐一坐。离开餐厅，天边依然有绯红的晚霞和微弱的光，这一场日落显得异常漫长，像永不落幕的剧场。月秋走在我前面，纤细的小腿搭配细跟高跟鞋和长脚紧身裤，从后面看，她像 T 台上行走的模特儿。只要夜幕不来临，她就好像伦敦夏日的天空，似乎可以发着光一直走下去。

我们喝得有点儿微醺，一致决定不坐车，一边散步一边醒酒，走到月秋的家里。大家穿着平均 10 厘米以上的高跟鞋，气喘吁吁地走在伦敦的街上。转过人潮涌动的街口，突然来到了一条安静的街道，街道安静得只能听到高跟鞋咔嚓咔嚓搓着地面的声音、自己的喘气声和怦怦的心跳。一路追逐着最后一片粉红色的云，看着它在天边渐渐地消失，天空被深邃的悠悠的蓝色渐渐网住。面对广阔天地，我想孩子、读书、老公这样略显俗气的话题似乎在此刻有点儿不合时宜，不知道她们是不是也是如此，在这条安静的街道上我们彼此没有说话，任沉默在渐渐降临的夜晚里弥散着。

直到月秋指着一座很新的大楼说："就是这栋了。"某著名设计师在伦敦这几年的新作，我看着这栋楼，心中有一丝踏实的感觉。真奇怪，在陌生的城市，即使只是看到朋友居住的地方，心里都会觉得一暖。抬头仰望，无数扇窗户散出昏黄的光线，像一双双眨着的眼睛，每双眼睛都含情脉脉地看着我，似乎想向我诉说它的故事。在这些窗户里面，是否也有像月秋一样带着孩子千里迢迢来陪读的妈妈？如果有，月秋就不孤单。

肯定有，

我知道，

月秋不会单独。

"孟母三迁"的典故大家都耳熟能详，孟子小的时候住在墓地附近，经常跟着小伙伴们玩模仿送葬的游戏。孟母非常注重孟子的教育，觉得这样不行，赶紧举家搬进城里，住在屠宰场旁边。结果，孟子每天去屠宰场看别人杀猪，不久，竟然还可以帮着屠夫一起杀猪。孟母对此非常着急，再次搬家，搬到学堂旁边。孟子每天早晨都跑到学堂外面，跟着学生们一起读书，老师见孟子聪慧，非常喜欢他，还让他进学堂免费学习。最后，孟子没有辜负孟母的期望，成为战国时期的思想家和儒家学派的主要代表人物。

至于搬家到底能不能让孩子获得成功，哈佛大学的拉吉·切蒂（Raj Chetty）、纳撒尼尔·亨德伦（Nathaniel Hendren）和劳伦斯·F·卡茨（Lawrence F. Katz）为此进行了研究，并在2016年时，在《美国经济评论》发表研究报告《接触更好的社区对儿童的影响：来自迁移向机会实验的新证据》。"MTO 迁移向机会（Moving to Opportunity）"是美国住房和城市发展部在20世纪90年代发起的一项随机社会实验，研究对象为4604个有子女、生活在高度贫困的公共住房项目中的低收入家庭。他们被随机分配成三组：第一组获得住房补贴券，但只能在贫困率低于 10% 的地区使用，并获得帮助他们搬到低贫困地区的咨询服务；第二组获得住房补贴券，可以在任何地区使用，无搬家咨询服务；第三组没有收到补贴券，但保留使用公共住房的权利。

哈佛大学的这三位学者使用税务数据分析"迁移向机会"实验对儿童长期结果的影响。他们发现，在年轻时（十三岁之前）搬到低贫困区，会提高大学入学率和收入，并降低单亲率。同时发现，青少年时期搬家会产生轻微的负面影响。并且随着儿童搬家年龄的增长，搬家带来的收益下降，这表明儿童时期"接触更好环境的时间"是儿童未来发展的重要决定因素。

说回孟母三迁，我周围最夸张的一个例子是一对香港夫妻朋友，他们有三个孩子，老大在瑞士上寄宿学校；孩子的爸爸因为事业原因居住在新加坡，老二跟着爸爸在新加坡读国际学校；老三因为太小而留在香港上幼儿园，由长辈照顾。国际化的妈妈则把时间掰碎在这三个国家之间，奔波于瑞士、新加坡和中国香港三地，每天想着怎么才能把一家人聚到一起。

为了孩子求学，从新加坡搬到伦敦是有点远，三个孩子分散在三个国家更是比较极端的例子，但其实"孟母三迁"的故事在国内也天天上演。我小的时候，就听说有的家庭为了孩子上学搬到学区房；大了以后虽然常年不在国内，但"顺义妈妈"这个词也是听说过的。在国内，为了孩子搬家似乎比较常见。

我儿子上的托儿所里，就已经有同学的家长，为了小宝宝上学近在托儿所旁边租了房子。只是两岁的孩子，仅仅一个托儿所，就已经有家庭愿意学习孟母了。

你读到这里，也不用焦虑，事事总有反例。我在上海的一个朋友娜娜就是"孟母三迁"的反例。新学期初，她把孩子送到了一所离家较远的名校，不堵车的时候单程需要 25 分钟，早晚高峰时期 45 分钟是常态。学期初时，我问她："真的不觉得远吗？"她说："还好啊，错开高峰，25 分钟很快的。"这学期我们见了不少次，她从来没提到过上学距离的问题，直到学期末的时候，有一次她淡淡地跟我说，下学期开始她要把孩子转学到另一所学校了。我问为什么，她说太远了。我反问了一句："你不是说 25 分钟单程还可以吗？"

"后来发现没有 25 分钟的时候，上下学都是高峰，单程都要 45 分钟，太浪费时间了。"

"没想着搬近点？"

"我们不会为了孩子搬家的。"她这一句，回答得即干脆又坚定，让我不需要再继续追问了。

是否为了孩子搬家？当孩子的利益和父母自身的利益产生冲突时，父母是否应该优先考虑孩子的利益？如果优先考虑，又应该有多优先？面对这类问题，每一种答案其实都没有对或错。因为每一种答案背后，都包含着每个人不一样的经历、不一样的三观、不一样的思维模式、不一样的教育理念，而这些，很难有对错。

说回时髦的月秋，很多年前她儿子年纪还小，她还住在新加坡，那时候我每次去新加坡出差晚上总喜欢呼朋唤友，出去吃饭和喝酒。有一阵每当我约月秋时，她总是跟我说，9点以后的晚餐可以，或者饭后喝一杯酒也可以，但是早了不行，因为她要陪孩子读书哄睡。每晚做完这一系列"母亲的工作"后，她才能出来享受自己的时光。我清楚地记得，那时候每晚出来的她永远都是神采奕奕、光鲜亮丽。不管喝了多少红酒或者鸡尾酒，月秋总是喜欢在深夜时分为大家叫一轮龙舌兰 shots。她教大家龙舌兰不仅仅可以搭配盐和柠檬，还可以搭配咖啡粉。当时的我喝不惯那种咸咸、酸酸、苦苦混合的味道，总觉得干净的龙舌兰还是适合简简单单地一饮而尽。

那时，我没想太多，但现在当了母亲后，每晚折腾完孩子睡觉真的没有力气再出门了，就算出门，妆都不想化，更别说什么时尚搭配了。能把虎妈和精致时髦妈妈结合得如此融洽且看似毫不费力，天知道月秋有多努力、多勤奋、给自己打了多少鸡血。其中的酸和苦，可能都在那一杯杯搭配了盐、柠檬和咖啡粉的龙舌兰酒里了。

而现在的我，时常在孩子睡着后什么都不想干，只想给自己来上一杯当年的那种龙舌兰酒，不要纯净的，要搭配盐、柠檬和咖啡粉的。

　　从伦敦离开的几个月后，听到了月秋的消息，她家老大被英国最知名的私立中学录取了，她先生知道后非常兴奋，在新加坡应酬时逢人便说，那种自豪藏都藏不住。在一场饭局上，月秋的先生又跟大家说起儿子被录取的事情，在场的一位朋友称赞道："能被该校录取，简直就是 family glory（家族的荣誉）。"月秋的先生听后很开心，眼睛笑成了一条缝，摇着红酒杯，不断地夸奖自己的老婆："还是月秋教育得好啊。"

　　月秋一边爽朗地笑着，一边打趣地说："诶呀，我今天是母凭子贵喽!"

　　后来，我又跟月秋聚过一次，没再问她的运通黑卡是不是又可以用了，因为看到她每每提到儿子被录取时开心的样子，我由衷地为她开心，这种时刻，信用卡又算什么呢?

第 **5** 章

我们需要怎样的
"素质教育"

　　学钢琴是这样，学画画也是这样，学习文化课更是这样。其实，学习任何知识都有天赋之分，都需要努力和坚持。作为家长，我们只能发现"想做和能做"的孩子，否则容易弄巧成拙。

我们的船从撒丁岛 Porto Cervo（切儿沃湾）的码头驶出，一路朝着 Santo Stefano（圣斯特凡诺）岛的方向在地中海中飞速前进，并且打算从 Santo Stefano、La Maddalena（拉马达莱娜）和 Caprera（卡普雷拉岛）三座岛之间的海湾穿过。这是一个典型的地中海夏日，阳光充沛、海水湛蓝、天空万里无云，也没有风，海面出奇地平静。我从船员手里接过方向盘开始驾驶这艘船，看着屏幕里的航线，尽量把船控制在航路上，感觉开船也没有那么难。

　　"等我回到香港，有时间了想学开船。"我望着这片深蓝色的大海，兴奋地说。

　　"我也想开，让我开。"可能看我开得太轻松，朋友 8 岁的儿子元元也吵着要开船。

　　"好吧。"我有点不情愿，但还是交出了手里的方向盘，毕竟不能跟小朋友争，我轻松地坐到船尾，看船员手把手地教元元如何看懂航线。8 岁的小孩儿还不够高，需要举起双手才能操控。不过，他依然开得有模有样，元元的衬衣随着风飘了起来，戴着棒球帽和墨镜的他看着真像个有经验的小船长。

小朋友已经慢慢熟悉了如何开船，逐渐放松下来，两只手不再紧紧地握着方向盘，只见他右手轻搭在方向盘下方，偶尔轻微调节方向，左手垂在腿边，几根手指不断抬起落下，试图在大腿上模拟弹钢琴的动作。

不愧是琴童，开着船都在活动手指。

从 Santo Stefano、La Maddalena 和 Caprera 三座岛屿之间穿过后，我们的船继续行驶，一直开到更北部的三座小岛（Razzoli、Budelli、Santa Maria）之间。停靠在这三座小岛之间的游艇特别多，有精致的快艇，也有豪华的多层游艇。这片海域的颜色在深深浅浅的蓝色之间相互交错，一会儿是蓝宝石般沉静的深蓝色，一会儿又是帕拉伊巴蓝碧玺般纯净明亮的碧蓝色。我太钟爱撒丁岛这种碧蓝色的海水了，也许没有马尔代夫和加勒比的海清澈，但这一抹如宝石般明媚的蓝色，用手机随便咔嚓一张发到网上，别人都以为我调高了色彩饱和度。网友戏称这里的海是"果冻海"，在我心中，这是"蓝碧玺海"。

关闭引擎后，船随着风和海浪在海面上随意漂泊，我们在这片碧蓝的海域上，在大大小小的船之间，找到一片空位，抛下锚。同行的小朋友元元迫不及待地跳进大海里，用各种泳姿游了起来。我在甲板上眺望其他船，有的船上只有一对老夫妻，太太趴在船头做日光浴，先生戴着低沿儿的帽子坐在船尾看书；有一艘超级豪华游艇，目测将近八十米长，从船上放下来各种充气滑梯和摩托艇，一群小孩儿在水里玩得好不热闹，估计又是哪位名人拖家带口来度假了；还有一条船，一看就知道是年轻人在里面，船上电子音乐放得咚咚响，穿着比基尼的女孩们正随着音乐在船头热舞。地中海的夏天太美好，我什么都不用做，光是晒着太阳看着这片海、这些船、这群人，就已经感觉幸福极了。

元元的妈妈一边看着儿子在大海里戏水，一边坐在我身边，用手把遮阳帽拉得更低，然后裹紧防晒衣，跟旁边船上穿着比基尼晒太阳的外国人形成鲜明对比。

"怎么样啊？德国之旅。"昨天，她和儿子刚从德国飞到撒丁岛，今天一早大家忙着登船，还没来得及问。

"很忙碌，尤其是他。"她朝着儿子的方向抬了抬下巴，继续说，"每天从早练到晚，老师的要求很高。"

"哦，怎么说？"我作为一个小时候学过几年钢琴的人，顿时起了好奇心。

"他这次的老师，要求每次上课都要脱谱弹，强度挺大的。"

"每一首都要脱谱弹？新曲子也不能看谱？"我有点惊讶。

"不能！"

"我的天！"太难以置信了。

"而且每节课都当着所有学生面弹，压力挺大的。"虽然她戴着太阳镜，我依然可以感觉到她面露苦涩。

"这么辛苦？元元喜欢吗？"

"你别说，累是累，但他还挺喜欢的，吵吵着寒假还想来。"她欣慰地说。

"这就行，我小时候是真不喜欢练琴。这年头，只要孩子有兴趣，只要他想学想练，你就得继续！"

"是啊，回去还有新的比赛要准备，路漫漫啊。"朋友叹了叹气。

"孩子有天赋，你这是幸福的烦恼。"我发自内心羡慕地说。

元元从 6 岁开始学琴，一天练习两小时左右。今年 8 岁已经考过八级，同时各类比赛获奖无数。元元的老师以及周围懂一些钢琴的朋友都一致觉得这孩子有天赋，总是叮嘱他妈妈要好好培养。我这位完全不懂音乐的朋友，现在每天都在阅读音乐相关的书籍和文章，天天琢磨应该如何培养一位琴童，生怕耽误了孩子的天赋。正值放暑假，她带着孩子去德国上了两周暑期大师班，昨天刚刚飞来撒丁岛，给辛苦了两周的孩子放个假。

幸亏船长来通知我们要启航去吃午饭了，不然在如此美景

之下谈论学琴的话题实在有点儿煞风景。我们的船继续在深蓝色的海面上行驶，经过 La Maddalena 岛北部，来到了位于 La Maddalena 岛东北的一处海湾里。船长并没有停靠码头的意思，而是直接停在了距海岸还有几十米的大海里。

"餐厅的服务员会派船来接你们。"船长指了指远处一艘正在接人的小船对我们说。

原来餐厅有自己的快艇，一趟一趟开到每一艘大船旁边，一波一波地接上准备用餐的客人把他们送到餐厅的码头上。不久，那艘快艇停在我们的船旁，我们一行人登上快艇直奔餐厅码头的方向。

La Scogliera 餐厅坐落在 La Maddalena 岛东北部马西莫港一处漂亮的海湾中，位于科西嘉岛和翡翠海岸之间，地中海的中心地带。La Scogliera 所在的海湾里充满了花岗岩岩石，这些岩石被海水和海风腐蚀成奇怪的形状，好似一座座雕塑。餐厅就修建在这些岩石上，俯瞰着大海，而餐厅的名字翻译成中文正是悬崖的意思，非常应景。很快，快艇停靠在码头边，三位服务员已经在岸上等着我们。大家踩着从码头一路铺到室内的地毯，走进了餐厅。

餐厅空间很大，有主餐厅、包房、酒吧以及配有躺椅的海滩俱乐部。我们被安排到主餐厅一张最靠近大海的桌子，入座后满眼尽是海湾的景色，似乎都可以感受到这翡翠般的海水和玫瑰色的沙子在轻抚着桌面。

热情的意大利服务员在第一时间端上了开胃香槟，我一边喝着清爽的香槟，一边打开菜单，这里做的是多国菜（就意味着不会那么极致地好吃），并且价格并没有想象中那么贵。服务员开始向整桌唯一一位成年男士小咖球询问："先生，您想看看我们的'今日精选新鲜海鲜'吗?"

"好啊!"小咖球想都没想，愉快地点了点头。毕竟在地中海的中心，翡翠海岸旁，一个甚至需要乘船才能到达的餐厅，当日新鲜海鲜肯定是要点的。

没过一会儿，服务员推着一辆小车停在我们桌旁，他逐一拿起今天的海鲜为我们介绍。

"首先介绍的是一只新鲜龙虾，"在轻快的音乐中，服务员抬高了嗓音，一边用双手举起钳子还在空中挥舞的龙虾，一边声情并茂地说，"我们可以用这只龙虾制作两款不同口味的意大利面，一款是辣番茄龙虾天使面，另一款是奶油芝士龙虾宽面。这两款龙虾意大利面作为四位的主食，你们一定会非常满意。"眼前这只伸缩着身体的龙虾，毫不夸张地说，是我在餐厅里见过得最大的龙虾，目前还没有之一。我们四个人都在认真地听服务员介绍，彼此还没有交流，但我可以从其他三位的眼神里看出大家对这只龙虾的喜爱，尤其是小朋友元元，他一边咽着口水，一边直勾勾地盯着这只龙虾。之后服务员又用双手分别举起几种鱼，有的适合用橄榄油和盐简单地煎一煎，有的建议做得更重口味一些，我们四个人全然没有听进去，心思全部都在刚才那只龙虾身上。

"各位，你们想要哪一个呢?"一顿介绍后，服务员用真诚而热情的眼神与我们每一个人对视。

"就选这只龙虾吧。"小咖球丝毫没有犹豫，点了它。

正当服务员准备推着车子离开时，我轻声问了他一句："这只龙虾多少钱?"面对如此大的龙虾，如此环境，我突然有一种不祥的第六感。

服务员很快跑回来，潇洒地告诉我们："1400 欧元。"

"什么?"8 岁的小朋友惊叹出了声，我们三位大人虽然没有发出声音，但面面相觑，瞪大眼睛，你看看我，我看看你，面露尴尬，最后还是小咖球勇敢地拒绝了这只诱人的龙虾。这是我人生中第一次在点了一道菜后，因为价格贵而退掉的。仔细一想如果算上税和小费，这是一只将近一万五千块的龙虾，但它真的只是一只普通的龙虾，一只稍微比别的龙虾大一点儿的龙虾，也许还是一只稍微更活泼可爱些的龙虾，但我很确定它的标价过于昂贵了。

小咖球吐了吐舌头，说："以后点菜，一定先问价格。"

我们四个人一起笑了起来。

不过，La Scogliera 的氛围实在太好了，吹着海风、看着海景、吃着美食（菜单上明码标价的菜），其间还可以走到餐厅边的岩石上眺望大海，好不惬意。随着时间过去，下午时分餐厅开始热闹起来，现场有 DJ 播放着欢快的音乐，当大家吃完午餐时甚至还开始跳舞。旁边一桌拖家带口的外国人，他们有一位两三岁的小宝宝居然站在餐桌上，随着音乐一起扭动，可爱极了。

吃完午饭，我们乘坐餐厅的快艇回到了自己的船上，开往世界上最美丽的海滩之一：布德利岛（Budelli）的粉红海滩（Rosa）。这片沙滩因其沙子的颜色而得名，沙子里含有珊瑚、花岗岩和贝壳的微小碎片，而这一抹漂亮的粉色源自一种粉红色微生物。这种微生物栖息在波西多尼亚草甸和贝壳内，当贝壳被水和风冲到岸上时就有了这片粉红色的沙滩。整个沙滩呈新月形，周围是花岗岩和灌木丛，海水清澈见底，深蓝色、浅蓝色、绿色，越靠近岸边，海水变得越透明。

船长把船停在海湾中，我站在船头凝望着如水晶般蔚蓝的海水正拍打着粉红的海滩，远处是迷人的地中海植被，空气中充满独特的香气。撒丁岛比蓝更蓝的大海常常被形容为加勒比海，我实在不理解，为什么要把如此美丽的地方形容成其他地方呢？在我心中，撒丁岛是完全不同于加勒比的独特存在。

我正看得入神，扭头发现元元已经在摇摇晃晃的船上睡着了，他妈妈示意我们，稍微小点儿声音，不要吵醒他。

"让他多睡一会儿，昨天折腾了一天，今天早晨不到六点就起来了。"元元的妈妈轻声地说。

我本想问为什么起得那么早，居然连如此美景都不看，但是为了不打扰到孩子还是作罢了。

傍晚时分，我们的船返回到 Porto Cervo 的码头，下船后因为小孩儿子哈气连天，大家就在 Porto Cervo 的艺术区长廊都港（Promenade du Port）里的餐厅 Pedri Garden 随便吃了几口便回到酒店。元元的妈妈催促元元赶紧自己回房间洗澡、睡觉，她则跟我们一起到大堂酒吧，打算喝一杯我白天极力推荐的 Bellini 鸡尾酒。

"这应该是我喝过的最好喝的 Bellini 了。"自从昨晚喝到这杯 Bellini 后，我在这家酒店完全无法点任何其他饮料了，满脑子想的都是它。

Cala di Volpe 酒店的大堂酒吧坐满了时髦的宾客。来意大利之前，朋友跟我说，最近意大利小偷盛行，不要穿华丽的服饰，我认真听取了她的建议，此行主打低调着装。结果住进 Cala di Volpe 酒店后，我发现低调这两个字在这里是不存在的。大堂最中央的复古高级珠宝店 HD Rare and Unique 已经说明了一切，里面售卖稀缺的中古高级珠宝，包括梵克雅宝、宝格丽、卡地亚等，店门口的橱窗里摆满了五颜六色糖果一般的各式首饰，我每次路过都会目不转睛地欣赏半天。这里的人不分男女，有时髦风格、休闲风格、度假风格、经典庄重风格，但无一例外都是精心打扮过的。即使是隔壁桌"慵懒风格"的女士，我都可以看出她慵懒的发梢都是被认真打理过的。

"为了美好的撒丁岛，干杯！"我们举起手中的 Bellini，粉红色的酒吧墙壁、粉红色的屋顶和粉红色的 Bellini 遥相呼应，新鲜的白桃和意大利起泡酒混合在一起，既清爽又甜美，在地中海炎热的夏夜里喝一杯，实在太惬意了。哦不，一杯怎么够？我把酒一饮而尽，打算再来一杯。

　　但此时，元元的妈妈已经坐不住了，她说儿子自己在房间，可能不会好好洗澡睡觉，她对此不放心，打算先回房间看看。

　　"这孩子明天还要早起，我先回去了，不然怕他又不睡。"她一口干掉杯中剩余的酒，起身准备离开。

　　我走到中庭酒吧的露台，眺望夜晚的翡翠海岸，伴随着现场音乐，一边俯瞰停泊在海湾的游艇上闪烁的灯光，一边喝着全意大利最好喝的 Bellini，也许应该是全世界最好喝的 Bellini。

　　三杯 Bellini 下肚后，我满意地挽着小咖球回到了房间。

　　第二天，我竟然起了个大早，作为一个常年"晚起之人"，可能内心深处对美丽景色有所期待，人便自然而然地睡不着了。晨光中的 Cala di Volpe 酒店，轮廓的每一处细节都是如此清晰，如同一座永恒的村庄一样蜿蜒在海湾上，仿佛被风雕刻而成，沉浸在大海的色彩和气味中，是那么的迷人和优雅。整个酒店呈不规则形状，没有一条直线，仿佛手工捏制出来的，宏伟又亲切，质朴但又无可否认的精致。

沿着白色石膏走廊行走，两边墙壁上镶嵌的彩色玻璃图案让我流连忘返，穿过一个个引人注目的拱门，看着倾斜的柱子支撑着美丽的横梁木天花板。恍惚间听到楼下有熟悉的钢琴声，这旋律太过熟悉，把我的思绪一下拉回到三十多年前。没错，我不会记错的，这绝对是《车尔尼740》里面的曲目，这上上下下的音阶，折磨了我无数日日夜夜的《车尔尼》，这辈子大概都忘不了。不过，这琴声不像我当年弹奏得呆板和无聊，演奏者弹得节奏很快，但音质颗粒清晰且均匀，旋律在上上下下的音阶中行云流水，但依然保有抑扬顿挫，枯燥的《车尔尼740》居然被弹出了感情。我赶紧沿着弯曲的墙壁通向倾斜的通道和蜿蜒的楼梯，路过珠宝店时头也不回，几乎是跑进了大堂。

酒吧的钢琴旁，元元正坐在那里。他妈妈则坐在旁边的小桌子上，清晨6点多的酒吧空无一人，看到我的到来，元元的妈妈有点惊讶，并马上起身跟我走向露台。

"你俩干吗呢？不会来旅游还练琴吧？"我一脸疑惑。

"什么叫不会在练琴？真的在练琴啊！"元元的妈妈一本正经地说。

"这么早？"

"这还是跟酒店沟通后争取来的，一天只能在这练两个小时，早晨6点到8点，否则怕影响其他客人。"

我皱了皱眉头："你就不能给他放个假？"

"他自己也想练。"

"你确定？还有孩子想一大清早在撒丁岛的海边练习《车尔尼740》？你开玩笑吧。"

她看了看我，一脸认真地说："哪有什么天赋，不都是这么练出来的吗？"

我身体倚靠着嵌入彩色玻璃的白色石膏墙壁，清晨的阳光透过彩色玻璃反射到鸡尾酒桌的玻璃台面上，五颜六色、忽明忽暗，远处蓝色的地平线好像在向我大声呼喊，邀请我到大海里去。耳边传来的，是我听过最动听的《车尔尼740》。琴声像一群飞舞的海鸟，蹿出酒店露台，飞向不远处大海的浪潮中。钢琴声和海浪声相互交织，共舞着一首奇特的乐曲。

晚饭后走出餐厅，夕阳落下，夜幕低垂，江南的古镇像一位含羞的少女，蒙上了神秘的面纱。街道两旁华灯初上，巷子里已不像来时那般喧闹，四处静悄悄的。刘总带领我们一行人在古镇里散步，顺便去参观他最新的商业项目，大家细碎的脚步声清晰地敲在石板路上。

古镇的石板路常年被雨水冲洗，早已被磨得既平整又光滑，夹缝中长出碧绿的苔藓，一直蔓延到墙角深处。屋檐上排列整齐的青色瓦片，白色的墙面在时光的浸润下变得斑驳不已，瓦与墙逐渐融为一体。作为一个北方人，最爱的就是江南水乡里这些精妙细节，在夜幕下，所有的细节都经过失焦、柔化，渐渐融入这浓浓的夜色中。

孩子还太小，不愿意自己走在这石板路上，我只能抱起这个20多斤的小肉球。江南盛夏的夜晚，空气湿湿黏黏，没过多久汗水就慢慢溢出皮肤，身上的裙子也黏糊糊地贴在身上。

"换你来。"

我叫住小咖球，顺势把这个20多斤的小肉球往他身上放，小咖球内心的无奈在他的眼神里无处躲藏。但是，面对孩子，他还是喜笑颜开地接住了，并且笑嘻嘻地说："换小咖球抱你喽。"

古镇里胡同众多，错综复杂，如果不是刘总带路，幽深的小巷早已让我分不清方向。不知道转过哪个弯之后，眼前出现了一条小河，两岸房屋挂满了红红的灯笼，灯光映射在河面上，虽然是夜晚，依然显得波光粼粼，好像无数红色星星洒满的银河。夜晚的河中已经没有轻舟慢渡，不过夏日夜晚轻柔的风代替了白日里细语的桨，撩拨着河面上暖暖的灯光，婉约缠绵，是如此的生动和温柔。

我们穿过一拱如月的石桥，刘总的商业项目就在对岸，所有新建筑皆保留了古镇的建筑风格，由于还未经过时光的洗礼，青瓦白墙的对比相较老建筑显得更加明显，使得这几栋建筑多了几分棱角和英气。不过，这些新宅的墙上、廊棚檐下、窗棂之前，也都挂上了一串串的红灯笼。红润的灯光，为这几栋爽朗的建筑带来几分温柔。

我们走进其中一栋楼房，刘总说他特意留下这个空间准备做一些免费的艺术展览。当天，正在展出刘总的一位知名摄影师朋友的摄影作品，此次布展的主题是江南，摄影师用黑白影像捕捉了江南景致的光影。不知道为什么，我觉得江南古镇的柔情和含蓄，特别适合用黑白色表达。摄影作品布满了一层和二层的墙面，我们来到三层，这里是客人小憩的空间，刘总为大家提供了酒水，小咖球终于能放下孩子，瘫坐在一张躺椅上。

我走入三楼露台，瞭望远处的古镇中心。每一座古镇，似乎都有自己的神韵，身在其中，古镇自身的气质会营造出一种独特的包围感，让我忽然想起小时候看古装剧时那种对烟雨江南的无限憧憬与遐想。此时的我早已忘却都市的喧嚣，不过，孩子的喧嚣是你无论走在哪里都忘不掉的。

三个小朋友你追我赶，似乎凉爽的空调风吹走了孩子们饭后的困倦。我那个刚还走不动路的儿子突然有了精神，正在满屋子乱转。这本是一场亲子之旅，三个家庭约好自驾，到离上海近一点儿的地方转转，没想到临时得到刘总的招待，还带领我们参观了这么美好的地方。

最后，大人们用几块饼干安抚住了兴奋的孩子。我家的贪吃鬼正依偎在小咖球的怀里吃着饼干，也安静了下来。

"我能下去再看看那些照片吗?"朋友的女儿贝奇已经13岁了，她既不愿意加入大人无聊的对话，也对小朋友们的追逐和饼干毫无兴趣。

"好啊，请随便看。"刘总随意地说。

过了一阵儿，楼梯里传来贝奇上楼的脚步声，还没见到她人，只听到她的声音。

"我最喜欢门口的那一幅，光影的对比特别好，取景也很有意思，像在讲故事一样。"

"哦？我也是最喜欢那一幅了。"收藏艺术品多年的刘总饶有趣味地听着贝奇讲，并且起身往楼下走，打算为她详细介绍一番。这一老一少再次出现时依然聊个不停，看上去十分投缘。

"我家女儿从小就喜欢画画，还拿了不少绘画大赛的奖呢。"贝奇妈妈看到自己的孩子和收藏家聊得火热，干脆拿起手机让我们大家欣赏起她女儿的作品。刘总听到后，也走过来要求一起看。贝奇妈妈的手机在大家手中传阅，我虽然不懂得从专业角度鉴赏画作，但作为一个普通人，觉得小姑娘的作品确实不错，其中有几幅画不知道是不是因为我已经微醺了，就好像这江南的古镇一样，撩拨着我的思绪。

若不是孩子们晚上9点要睡觉，真不想结束这样的夜晚。想想单身的时候，朋友们随便聊点什么，都可以持续到后半夜。但如今，我们一行人只能拖家带口、恋恋不舍地离开这里，返回酒店。

差不多半年后，古镇之行的群里收到了刘总发来的邀请函，随函附上了一句话："欢迎大家再次回到我的艺术空间，这次我为一位神秘嘉宾布展。"贝奇的妈妈在下面第一个回复："欢迎大家"。摸不着头脑的我点开邀请函，原来刘总为 13 岁的贝奇布置了一次为期一个月的作品展。群里一行人纷纷表示是时候再组织一次亲子游了，带孩子们重返古镇。

后来，我听说贝奇的妈妈还邀请了众多知名艺术家和艺术从业的朋友一起来为她女儿的作品提意见。我自己也很期待，迫不及待地想看看这位未来女性艺术家的第一次作品展，以及古镇冬日里的模样。

大学同学从旧金山湾区来上海出差，上次见面时大家刚刚毕业，都还是刚步入社会的懵懂少女，十几年后，两位中年妇女一见面竟也毫无生疏，晚饭还没吃，酒也还没喝，喝杯奶茶的功夫就抓着彼此赶紧倾诉着家里家外的各种中年苦恼。也是，陈年旧友，见过微时的彼此，十八九岁一起哭过的朋友，还有什么不能谈？生活里的一地鸡毛都可以毫无保留地讲给对方听，无需美化，不用修饰。

"挺对不起老人的，好几年没回过国了，我奶奶特别想她的曾外孙。"

"带回来看看老人呀，在冬天放寒假的时候。"

"冬天是雪季啊，她得抓紧训练。"老同学语气里充满了无奈。

老同学毕业后到湾区工作，正常的生活从女儿6岁多时开始改变。那时候，她的孩子爱上了滑雪，进步很快，老同学赶紧给孩子找了一位专业教练，没想到越滑越好，开始参加比赛并取得名次，后来竟然被滑雪俱乐部签下。女儿喜欢、肯练、能出成绩，这一切仿佛受到了上天的眷顾，值得开心，但是她们的生活，尤其是冬天的生活，发生了翻天覆地的改变。

每年的雪季（每年11月底到第二年4月），一到周末，一家人就开车到太皓湖滑雪，为了赶上早晨训练的时间，凌晨4点就要从湾区出发。周末的训练从早晨八点开始一直持续到下午3点，训练结束后，朋友还会带着女儿再到附近的雪场一直滑到晚上8点。就这样，每年差不多有六个月的时间，他们每个周末、每个假期都要带着孩子驱车至少八个小时往返太皓湖，还好年纪小的老二也开始参加训练了，至少可以一家人同行。

交通开销大，同学的老公放弃了自己的爱车，开始驾驶电动车；住宿费用高，夫妻二人商量后在滑雪区买了房子；同学和她老公冬日的其他活动全部消减，一家人已经好几年没有一次真正的旅行了，雪季训练时间宝贵，在训练场滑雪变成了全家人的"消遣"。

我问她，夏天会不会好一点儿？她说，孩子夏天一样要训练，从冰上训练到山地车、越野跑等，只要是提高体能和平衡的训练，一个都不能少。暑期偶尔还需要驱车若干个小时参加夏令营，孩子们在山里的模拟雪毯上训练动作。有一年，她们夏天还去了新西兰，反季节滑了一场。几年下来，费用开销巨大，大人和小孩儿确实很累，但依然都在坚持。

我听到滑雪开销后，感慨了一句："这么贵啊！"

同学苦笑道："费用还是小事，最心疼的是滑雪磕磕碰碰，上次孩子因胳膊骨折耽误了一个雪季，我每天看在眼里，疼在心上啊。"

"看来，培养一个谷爱凌太不容易了！"

2022 年卡塔尔世界杯期间，我和小咖球深深地爱上了梅西和姆巴佩。有一天，小咖球在家开玩笑地对我说："要不让咱们孩子长大了踢足球去吧！"

"我看行！"我开心地附和着，"对了，我还真认识一个朋友的儿子在英国足球职业梯队里面踢球呢，回头我问问她。"

充满行动力的我当晚就拨通了伦敦朋友的电话。这位"足球妈妈"的老公是铁杆球迷，儿子很小就耳濡目染对足球充满了兴趣。平时她老公不但负责陪练，在孩子加入俱乐部前还会四处邀请著名足球教练给儿子上训练课。孩子在 6 岁多时加入街区的草根球队，后来被职业球队的球探发现，邀请孩子参加了试训，随后进入训练营。她孩子由于表现优秀，接到了俱乐部的口头签约邀请（当年小朋友还不到可以签俱乐部的年龄），现在已经开始接受俱乐部的正规青训：一周三次训练，外加一次比赛。

"你儿子简直是华裔之光！"我无法掩饰对这位"足球妈妈"儿子的赞许。

"你可别让孩子走这条路了，太辛苦！"她语气透露着惆怅，"之前参加训练营的时候，最多一周有四五次训练，还有联赛。现在，也是一周三次训练。每天下了学往返开车一个半小时，训练一个半小时，孩子晚上到家什么都干不了，倒头就睡，第二天一早还要起来上学，下学了再去训练，周而复始。"

"这么辛苦？"我在电话这头吐了吐舌头。

"辛苦还不算什么，刮风下雨淋着雨也要训练，冬天气温零下在室外也要训练，比赛受伤了爬起来还要继续踢，上次发烧 39 度还坚持去训练了。"她声音有些哽咽，"好几次了，他在球场踢，我在场外抹眼泪。"

"哎呀，孩子发烧了你还不赶紧接回家？"

"我多少次跟他说算了，少训练一次没关系；多少次让他放弃别提了；多少次了！他根本不听我的，自己要练，拗不过他，哎！"电话那头一声长长地叹气。"他骨折那次，你还记得吗？"

"有印象。"我依稀记得看到过"足球妈妈"发的朋友圈。

"我是又难过又开心。难过的是看到小小的他受伤了，开心的是我觉得他可能真的要放弃了。结果，养好伤以后他立马跑回球场了。"

"你觉得他能踢出来吗？"我很想知道华裔小孩儿在英国能不能踢成大球星。

"不敢想，俱乐部每年都有新签约的孩子，也有被解除合同的孩子，心情总像坐过山车一样，索性不敢再期待了，能踢到哪儿都是缘分。"电话那头的她声音渐渐柔和下来。

"是啊，都是缘分。"

我和小咖球很奇怪，两个人都不喜欢开车，但都爱看 F1 赛车比赛，基本每周都会看，所以儿子从很小的时候就被我们感染而喜欢上了 F1 赛车。小朋友前一阵得肺炎发烧，需要每天到医院输液，只要打开 iPad 里面的 F1 赛车节目，他就自动安静下来乖乖配合。

小家伙每天在家中拿着 F1 各车队的赛车模型，身上每天穿着都是红牛车队的队服（没错，他年纪小小就已经有喜欢的车队了）。夏天，他每天只穿一件红牛车队 logo 的 T 恤；冬天，他坚持把那件红牛的 T 恤穿在长袖外套或者毛衣外面。总之，每天身上一定会穿着那件衣服，为此我们买了几件方便换洗。有一次，我带他过海关，海关工作人员看了看他的护照，问他："小朋友你叫什么名字呀？"他清晰且坚定地对工作人员回答：

"我叫赛车手。"

在这种情况下，我研究了一下如何可以成为一名 F1 赛车手。网友"发车 Faster"曾经出过一期视频《成为 F1 赛车手有多贵》，里面介绍了成为车手的步骤，我总结如下：

一是完全不差钱的情况。买一个 F1 赛车队，可以获得两个赛车手席位。例如，阿斯顿马丁是劳伦斯·斯托尔在 2018 年以 1.05 亿英镑收购了当时的印度力量车队。2020 年 1 月又牵头另一个财团，以 1.28 亿英镑收购了阿斯顿马丁汽车 16.7% 的股份；同年 4 月，斯托尔领投为车队融资 2.356 亿美元。为了打造阿斯顿马丁车队，两年一共花了 40 多亿人民币，少爷兰斯·斯托尔也因此获得了一个永久赛车手席位。

二是正常情况。想要成为一名 F1 赛车手，从 6 岁开始就要接触卡丁车，一直开到 14 岁，直到 15 岁才能参加低级别方程式赛车比赛，一般来说进入 F1 赛车的年龄普遍在 22 岁左右。具体可以从 6 点展开。

（1）从 6 岁开始接触和练习赛车，可以先买一辆二手的二冲程卡丁车，费用在一万至两万元，培训费和场地费一年共计八万元左右。在确定兴趣和能够坚持训练的情况下，在三年的时间内参加国内的卡丁车比赛来检验自己是否有天赋。国内的小朋友可以参加中国卡丁车锦标赛，以 2023 年为例，全年赛季一共有八站，全部参赛费用约为两万元，再加上交通费和食宿费，一年差不多十万元。如果到 10 岁还没拿到像样的成绩，基本上花了一百多万就可以及时止损。

（2）如果在国内成绩不错，可以开始参加高组别的卡丁车比赛。F1青训车手参加过的卡丁车赛事有CIK-FIA、WSK和RGMMC未来冠军赛。到国外参加比赛费用自然就更高了，一年花一两百万元很正常。比赛费用虽然贵，但是欧洲的卡丁车比赛很多，被赞助商和车队看中的机会也多。

（3）八年的卡丁车生涯，花费已经超过一千万，接下来就是向真正的F1赛车进军，参加低级别的方程式比赛——F4。中国也有F4赛车比赛，想要参加比赛需要提前联系好车队，参赛费加租车费一年在100万元左右。F4赛车也是各大车队选拔青训车手的赛场，所以在F4赛车崭露头角获得大车队的青睐是赛车手频繁参赛的原因。如果想要拿到好成绩，平时就得多练车，以国内上海的"上赛道"为例，赛道开放日可以试车，25分钟需要五千元，专业车手一天练四小时，大约需要五万元，一年至少两三百万元。那么，F4比赛加练习费用一年需要花费五百万元。

（4）如果在F4比赛获得不错的成绩，那么可以继续向F3、F2赛车比赛迈进，而这两类赛事比起F4，无论在难度还是费用上都要更上一层楼。参加一年F3的赛事大概需要一千万元，F2的赛事就更不用说了，价格直接翻倍。

（5）从卡丁车车手到F2赛车手需要15年左右，一个小目标差不多已经花完了，看似走了99%的路程，但殊不知最难的路就是这剩余的1%。想要成为F1赛车手必须要有"超级驾照"，条件是三年内获得40积分，同时要驾驶F1赛车完成

300 千米的测试，每年能够达到这两个条件的赛车手少之又少，这也导致很多赛车手只能一年又一年不断地参加 F2 赛车，经费也在不断地燃烧，却迟迟拿不到 F1 的席位。如果现在放弃，那之前所有的付出就打了水漂。当然也有一些省钱的车手，像维斯塔潘开完 F3 就进入了 F1，越早展现出过人天赋，对 F1 席位的竞争越有优势。

（6）世界上只有 20 个 F1 席位，每年席位变动不大，大车队都有长期合作的车手，一个赛季结束，20 个人里最多就有一至两个空余席位。如果通过能力无法晋级，爸爸又没有那么多钱直接买车队，还有个"便宜"一点的方式——付费车手。一个席位价格大约两千万美元，但这也只适用于哈斯和威廉姆斯这种小车队。即便如此，小车队也不敢冒用新人，因为修车费太贵了，最终它们往往还是会续约经验丰富的老车手。

培养一个 F1 赛车手要投入约 15 年的时间外加上亿的费用，而且这些花费还会随着 F1 商业价值的不断增加而水涨船高。15 年的时间里会有几百万的车手为通往 F1 的大门努力，千军万马过独木桥，最后能到达的却寥寥无几。

在了解完如何成为一名 F1 赛车手后，我立即放弃让儿子成为 F1 车手的春秋大美梦了。长达十几年的付出和努力是一，巨大的经济开销是二，关键最终到达顶峰的人太少太少了，毕竟这是一个全世界只有 20 人参与的运动。但是当妈妈的，面对一个天天在家喊"我要当赛车手"的孩子也不能什么都不做就直接扼杀他的梦想吧。所以，我决定至少可以带他开开卡丁车，让他试一下。

某天，幼儿园下课后，我带着小小的他来到了卡丁车俱乐部。90 厘米到 1.25 米的儿童可以在儿童跑道开儿童卡丁车，儿童跑道很短，只有三四个弯。儿童卡丁车共有三挡速度，工作人员说当孩子可以熟练用第三挡速度在儿童跑道上开车时就可以换到更大的成人赛道了。

儿子先从第一挡最低速开始，一圈一圈绕着小小的儿童跑道转；大约 10 分钟后换到了第二挡，又开了几圈，一共 20 分钟左右，他跟我说不想开了。在我的鼓励下，他又开了两圈，之后坚持停下来，我只能作罢。

离结束还有一些时间，从来没开过卡丁车的我坐在儿童卡丁车里打算体验一下。我用第二挡速度起步，在直道上感觉速度不快，但是小角度转弯时确实感觉很快，由于我也不懂转弯技巧，转弯时看起来很笨拙。赛道很短，一圈几十秒就开完了，之后就是重复、重复、再重复。我大概开了不到 5 分钟，感觉也很枯燥，便提前结束了我的卡丁车体验。

从卡丁车走下来时我在想：如果想要成为真正的赛车手，就要这么一圈一圈、一圈一圈地反复开着，一圈一圈、一天一天、一年一年，想到这里，我看着小小的他打消了这个让他成为赛车手的愿望。要知道我和小咖球虽然都喜欢看 F1 比赛，但是都不喜欢开车。可能，我的孩子也只是一个跟我们一样的人，只是一个喜欢拿着赛车模型，坐在电视前看 F1 比赛的吃瓜观众。

小时候，随着出国留学的人越来越多，加上互联网的发展让信息无障碍流动，周围的人们开始接触到西方的教育模式，素质教育被国家提上日程。我也一样，很长时间里觉得只学文化课，用考试决定高等教育门票的方式非常不科学，那时候我也很向往西方的"素质教育"，向往那种"多元化"的大学录取方式。

但是，当我跟旅居海外的华人聊天时，大家普遍反映这种"多元化"的录取方式竞争更激烈，让孩子们更辛苦、更累，朋友们一致认为现在的孩子比我们小时候要辛苦太多。在我小时候，学好文化课就算"达标"了。但是在多元化的录取规则下，学好文化课只是基础，想要"达标"需要每位学生都得来点儿体育、来点儿才艺。然而，这些体育和才艺还不像我们小时候，不能蜻蜓点水，会点儿就行；现在的体育和才艺要的都是真功夫，需要孩子和父母倾注大量的时间、精力并坚持，有时还需要大量的经济投入和全家人的理解配合。

我认为，"多元化教育"让天赋异禀的孩子如虎添翼，却让普通的孩子雪上加霜。在体育和才艺方面有真天赋又可以坚持的小孩儿，"多元化"的录取方式对他们更加友好和公平。但面对广大没有特殊天赋的普通人（比如我自己），或者对没有时间或者经济条件去尝试的家庭，学好文化课也许是投入产出比最高的方式，是相对更简单、直接、公平的高等教育敲门砖。

在我上海的家中，客厅里放着一架钢琴，一架很普通的立式钢琴。钢琴上放着几本纸质的琴谱、几本小说、一瓶花、一盏钢琴灯和几张家庭合照。钢琴盖常年打开着，谱架上经常摆着一个iPad，总是呈现一幅刚有人练完琴的场景。事实上，我只是懒得盖上琴盖，同时觉得iPad放在那里方便不占地方。

在我儿子不到两岁的时候，一位与我家孩子年龄相仿的邻居过来做客。一进门看到钢琴，她便惊呼一声："天啊，孩子这么小，你就开始让他学琴啦？"

孩子两岁半的时候，我邀请他的幼儿园同学来家里玩，同学的妈妈刚进我家门，说的第一句话是："你儿子已经开始学琴了？"

我很不明白，为什么大家宁愿相信一个两岁，甚至两岁不到的小孩儿开始学弹钢琴了，也不愿意相信这个家里可能有一位会弹钢琴的大人。我想：一是我和小咖球应该反思一下，反思我们两个人给大家留下的印象，是什么导致没有人觉得我们之间有人会弹钢琴；二是钢琴教育在华裔小孩儿中的普及程度超乎我的想象，而且提前过早的学习可能成为常态。学琴，太卷了！

我童年和父母发生的大部分矛盾几乎都因练琴而起。10岁左右，在我正规学琴六年后，我的钢琴老师很委婉地告诉我妈妈，这个孩子可能不太适合继续学钢琴了。我并不知道这位在当地赫赫有名的钢琴老师如何下此定论，但在我心里，竟然暗自感到庆幸，仿佛拿到了老师的"金牌御令"，逃过"弹琴这一劫"。父母看我对弹琴实在没兴趣，加上专业人士对我的"最后审判"，便也无奈地、不舍地放弃了。

在放弃弹琴的日子里，钢琴这朵种在父母心间的花，虽然没了绽放的机会，却也不曾枯萎凋零，仿佛只是进入了无限期的冬眠。父母二人时不时地念叨："放弃弹琴后悔吗？""你在美国有机会弹钢琴吗？""家里的钢琴一直没有卖，搬新家放进书房啦！""你没事儿的时候自己弹弹琴多好！"。仿佛不断地提及弹琴这个话题，就可以唤醒那朵在他们心中冬眠的小花。

只不过，儿时练琴的记忆已让我对弹琴这件事产生了深深的抵触，这些抵触积压的太多，一时半会儿无法消除，只能悄悄地藏在我心中的某个角落，导致在之后的二十多年里我再没能碰过钢琴。直到一个很巧合的时间点出现，那些对钢琴的怨恨才终于被漫长的岁月冲刷干净，新冠疫情宅家成了一把为小花松土的铁锹，自己的际遇和心情成了灌溉的雨水。原来，不只在父母心中，在我的心田里，在厚厚的抵触土壤下，也埋藏着一颗不曾死去的、休眠的、等待再次发芽绽放的小花。就在去年，在二十多年没有触碰过钢琴后，我又重新捡起了这一爱好。而这一次，我发自内心地爱上了弹琴。

通过自己童年的经验，加上认真观察周围有天赋的琴童，我跟一位知名钢琴家朋友讨论，其实孩子对钢琴有没有天赋和兴趣，能不能坚持，在学琴的最初两年，甚至更短的时间内就可以看出来。在没有天赋的情况下，完全可以暂停高强度的练习，只当爱好来学习。比如，从每天练习两至三小时减至一小时，从以考级为目标变成只练习喜欢的曲目。这样做既不会让孩子丧失兴趣，又可以保持良好的亲子关系，更重要的是，可以给孩子保留足够的时间和精力探索他们真正喜欢的东西。

学钢琴是这样，学画画、体育运动、文化课亦是如此。学习任何领域都有天赋之分，都需要努力和坚持。作为家长，我们只能发现"想"做和"能"做的孩子，否则容易弄巧成拙。

潇潇是我的朋友里对孩子要求最严格的妈妈之一，她住在纽约上东区。在那些关于上东区鸡娃的书籍和影视作品里，我总是可以看到潇潇的影子。

潇潇对孩子从小就要求很严格，管理得事无巨细。在她孩子十岁左右时，潇潇曾经很自豪地跟我说："我儿子从小到大，没吃过糖，一口都没有吃过。"我听到后有点儿惊讶，有点儿佩服，也有点儿惋惜。潇潇对孩子的管理小到生活中吃糖的细节，大到整个学习之路，据我所知她早早就为儿子的私立名校之路做了规划。除了从幼儿园开始上各类课外班，精通一门体育也是上东区孩子的必备技能，潇潇自己也早早地开始参加各种社交活动，和目标学校的校董们建立了不错的交情。

新冠肺炎前我去纽约时，潇潇的儿子按照他妈妈铺设的路，顺利地进入了一所上东区著名的私立小学。在我们为潇潇庆祝时，她脸上掠过一丝自豪地微笑，但还是谦虚地说："不能高兴的太早，下一步要进的中学我都看好了，还得继续努力！"

潇潇成为了朋友们相继咨询的对象，她也十分乐于分享自己的育儿经验。她是如何鼓励孩子参加学校冰球队、如何陪孩子在美国各地打冰球比赛、如何培养孩子取得数学奥赛成绩、如何为孩子找知名国际象棋教练、如何在纽约跟白人校董变成朋友等等。我虽然已经有几年没去过纽约了，但记忆中潇潇的儿子，一直是那个穿着笔挺小西装，在上东区私立小学读书的全能小绅士。

最近一次回到纽约，跟这位纽约最鸡娃的母亲聊起来时，事情的发展完全没有按照所有人的预期。

"我犯了一个最大的错误，"潇潇看着我，严肃地说，"我管他管得太严了。"

"……"我认真地听着。

"我完全没有给他空间，安排得太满了、逼得太紧了，"潇潇继续说，"结果他现在 12 岁，开始青春期叛逆，开始反噬了。"

"反噬，哈哈。"我被潇潇的用词逗乐了，但是看她一脸严肃，马上收起我的笑容。

原来，潇潇前段时间接到学校反馈，家里的墨西哥佣人送儿子到学校后，儿子经常偷偷溜出学校，迟到早退，出勤率非常低；同时，他偏科很严重，英文的写作能力几乎跟不上教学进度；另外他在学校冰球队时，曾多次跟队友发生肢体冲突。鉴于潇潇和几位校董的关系都不错，学校并没有开除潇潇的儿子，但不断地向潇潇发出警告。

面对"优秀"儿子的"真相"，潇潇最初感到难以置信。但让我敬佩的是，她并没有沉浸在儿子看似失败的局面中，而是迅速反思，寻找自己在过往教育中的问题。为了避免校方的难堪，更是为了自己儿子的发展，潇潇主动提出帮儿子转学，从那所纽约著名的私立小学，转学到了一所公立学校。

到公立学校后，潇潇的儿子依然偏科，不过在英文写作上，他跟同学的差距并不像在私立学校里那样巨大，同时他有了更多的时间，可以让他发挥他在数学领域的天赋。他依然坚持打冰球，但是之前强烈的训练让年纪不大的孩子一身伤痛，严重的时候，甚至连续一两周因为膝盖酸痛，无法下地走路。

不过，离开私立学校负重的课业、和无休止的补课后，加上身体受伤暂停训练，潇潇的儿子开始利用闲暇时间玩电脑游戏。目前，他还在进行一项关于电子游戏的创业计划。

我问潇潇，未来对孩子的规划是什么？还去之前原定的那所私立中学吗？

"我已经完全放弃让他去那所私立高中的计划了，我现在的计划：就是没有计划！"她语重心长地说："还是得给孩子自由和空间，得让他们自己选择。就像我家这个，之前一直不让他吃糖，后来他完全不听我的了，有阵子开始猛吃糖，疯狂地往自己的嘴里塞，好像吃糖就像报复我一样。但是，他自己吃了几天发现也就那么回事，现在我不管他，他也不吃了。"

　　我听着潇潇的这番话，再次想到，素质教育，又或者是任何教育，家长只能"帮助""想学"和"愿意学"的孩子去"努力"和"坚持"。重点是帮助，不是逼或者鸡；是想和愿意，不是被迫；是努力和坚持，不是三天打鱼两天晒网。

　　但是，请一定记住，也有偶尔的适当暂停，或者及时彻底放弃。

第 **6** 章

你家谁带娃

丈夫和妻子在家务中的具体分工并不重要，重要
的是两个人都参与。当丈夫和妻子共同分担育儿和家
务的责任时，双方会感到更加快乐，而这样的工作并
不一定要平均分配。

此时的我正在曼谷素万那普国际机场的休息室里手忙脚乱地为儿子换尿布，他一手拿着牛奶盒，一手正把吸管从牛奶盒里抽出来，吸管上的牛奶滴滴答答地流到我的衣服上，并且小家伙毫不配合我，弄得我满头大汗。工作人员过来告诉我们可以登机了，我急忙把孩子抱进婴儿推车里，收拾起地上的尿不湿，而小咖球则拎着大包小包、推着行李箱。幸亏酒店安排的接送机服务很给力，工作人员见状立马上前帮我们拿行李箱。

　　跟我们同行的莱奥一家三口则轻松很多，莱奥大我儿子几个月，不过也才 3 岁多，他自己背着一个小背包，完全不需要坐婴儿推车，更不需要父母抱，乖乖地跟在父母身后。莱奥的爸爸背着一个双肩包，妈妈斜挎着一个小包，三个人悠闲地跟着工作人员的步伐走在我们前面。我在后面羡慕地看着他们，心想：人家这才是亲子度假，我们这是亲子打仗。

　　机场的商务车代替摆渡车，把我们一行六人直接送到停机坪，一辆只有八人座位，标着酒店 logo 的小飞机停在一旁，十分引人注目，它就是此次我们准备入住的 Soneva Kiri 度假酒店的专属私人飞机。这架八座的小型飞机常年承载的任务只有一个——接送往返于曼谷机场和酒店的客人。

莱奥看到这架有趣的小型飞机异常兴奋，率先奔向飞机，自己爬上高高的阶梯坐进了飞机里，莱奥的父母紧随其后，潇洒登机。而我儿子拉着小咖球的手一步一步登上飞机外高高的阶梯，我则在后面一边收起婴儿推车，一边叮嘱工作人员不要忘记我的大包小包。由于飞机较小，全程都在低空飞行，整趟飞行有一半时间是在陆地上空，而另一半时间则在暹罗湾上空。天气晴朗，飞机窗外的风景无论是陆地，还是海洋都清晰可见、尽收眼底。孩子们也被这些有趣的风景吸引，头一直扭向窗外，目不转睛地看着飞机外的一切。

飞机在海湾中飞过无数小岛，有一瞬间感觉自己仿佛来到了马尔代夫，当飞机准备降落时，目的地的岛屿终于映入眼帘，满眼尽是未开发的热带雨林，跟马尔代夫截然不同。飞机在起飞 90 分钟后，安全降落在 Soneva Kiri 临近岛上的私人机场（Koh Mai Si Airport），机场非常小，完全没有墙或者围栏，跑道旁边立了一块儿木牌，上面写着"危险！请勿进入！飞机会在跑道上活动！"我们一行人下了飞机后直接走向机场旁边的码头，准备乘坐快艇前往度假村。一如既往，莱奥小朋友背着包走到船边，扶着工作人员的手自己登上了快艇；而我们家孩子没走两步就开始嘟囔要抱抱，最终被小咖球抱着登上了快艇。

快艇在大海中行驶 15 分钟后，我们终于抵达了 Soneva Kiri 度假酒店，岸边大约有七八位工作人员站成一排，脸上流露着灿烂的笑容，在船刚靠近码头时对我们大声地说"欢迎"。负责迎接我们的管家已经备好冰凉消暑的毛巾，儿童俱乐部的工作人员也在第一时间为两位小朋友送上各种玩具：包括一个毛绒小刺猬、一串手链，还有一张地图。莱奥愉快地接过手链套在自己的手上，我儿子则略微有些羞涩和害怕，拿着手链，但拒绝戴在手上。

Soneva Kiri 酒店位于暹罗湾内的沽岛（Koh Kood）上，沽岛是泰国的第四大岛屿，面积虽然不小，但人烟稀少，因为当地居民反对在岛上修建公共机场，导致沽岛至今都没被开发。这里像是一个真正的天堂，洁白无瑕的沙滩、最原生态的美景，以及岛上这座像童话乐园一般的酒店——Soneva Kiri。

我们在第一时间住进自己的别墅，别墅超过 400 平方米，拥有宽敞的房间，超大的露天洗手间，两边环绕一个不规则形状的泳池，院子里自带大型凉亭，步行几步就可以直达海滩。连接不同别墅和公共区域的林间道路依山而建，坡度很大，但是酒店很贴心地给每栋别墅配备了小型高尔夫球车，让住客自己驾驶。每个夜晚，管家都会为高尔夫球车充电，并且贴心地把小车调转方向，车头朝外，方便客人第二天出行。放下行李后，我赶紧开着高尔夫小车载着饥肠辘辘的儿子和小咖球去餐厅吃饭，没想到莱奥一家已经先我们一步到达餐厅。

我们家这个顽皮的孩子快到 3 岁了，面对自己爱吃的食物时自主进食，并且速度极快，狼吞虎咽，拦都拦不住；面对自己不喜欢的食物时，就仿佛丧失了自己吃饭的能力，比如蔬菜，需要幼儿园的老师或者家里的阿姨喂才行，每次喂到嘴边，还是极不情愿地吞下去。为了在旅行中解放自己、不喂饭，我为儿子点了他最爱吃的意大利面，最大限度地让他自主进食。只有这样，我和小咖球才能自己好好地吃一顿，同时还可以跟朋友聊聊天，运气好的话也许还能抽空喝上一杯红酒。

莱奥小朋友从很早开始就完全自己吃饭了，他的父母目前一点儿都不给他喂饭，全凭他自己。他父母两人会悠闲地享受着自己的食物，晃动着红酒杯，跟我们聊天。

"我和小咖球太羡慕你们俩了，莱奥实在太乖了，你看他自己吃得多好。"我发自内心地羡慕着。

"我们家莱奥早就自己吃饭了，这个是需要你训练的。"莱奥的妈妈说。

"我也想训练，可是平时我不在家，阿姨为了让他多吃一点儿蔬菜，还是会喂，喂着喂着就养成习惯了。"我无奈地说。

"这个就需要你、阿姨和学校保持一致。你看我俩自己带，就是规矩永远保持一致，规矩一旦养成，后面就容易了。"

"是啊。"我一边感慨，一边想：父母亲带的娃就是不一样。

过了一会儿，莱奥说自己吃完了并且想要离开餐桌，这时他妈妈严肃地对他说："如果下了餐桌就说明你吃饱了，那你就不可以再吃了，你想好了吗？"

"我想好了。"莱奥一边说着，一边爬下椅子。

我儿子见状也不想继续吃饭了，我便把他抱下餐椅，两个小朋友一起跑到餐厅的一个角落去玩了。在午餐接近尾声时，服务人员端来最后一道甜品，我儿子远远地看到甜品就屁颠儿屁颠儿地跑到我身边，两眼冒光地看着桌子正中间的巧克力蛋糕，我顺势把他抱到我的腿上并给了他一把叉子，他开始津津有味地吃了起来。

莱奥见状，也跑到餐桌旁边对他妈妈说："我也要吃！"

"不行。"莱奥的妈妈坚决地说："我刚才已经提醒过你了，如果你离开桌子，代表你吃完饭了，那你就不可以再吃了。"

莱奥看着我儿子大口地吃着巧克力蛋糕，委屈极了，眼里的泪水滴溜溜地打转。

我想给他找个台阶下，赶紧说道："要不少吃一点儿?"

"不行。"莱奥的爸爸直接拒绝了。

眼看莱奥的泪水就要流出眼眶了，只见他绝望地转过头去，走到了一边。

"哎呀，会不会对他太严格了，他才 3 岁多。"我追问道，同时在想如果这是我儿子，怎么可能转身就走，他一定会站在桌子旁边又哭又闹。

"这就是规矩，要让他知道餐桌就是吃饭的地方，不能上上下下，边吃边玩。"

我一边听着莱奥妈妈的话，一边反思。其实，我迫切地想要我的孩子养成良好的习惯，但一是在不同育儿者之间（我、小咖球、阿姨、学校、长辈）标准无法达成一致；二是我自己都不忍心坚持某些标准。我看到孩子委屈的眼神就会妥协，而这显然都无助于规矩的建立。

　　酒店共有两个儿童俱乐部，一个是 1~5 岁小龄儿童俱乐部（the Eco Den），另一个是 5 岁以上的儿童俱乐部（the Den）。午休后，我们两家约好带孩子去 the Eco Den，到达后发现 the Eco Den 是一个单层空间，莱奥的父母认为这里的设施已经不能满足自己好动的儿子了，于是我们又辗转到有更多活动空间的 the Den。莱奥虽然只有 3 岁多，但却在 5 岁以上的儿童俱乐部里玩得如鱼得水，他自己滑滑梯、自己顺着梯子爬上爬下、自己在不同的空间里穿梭探索。相比莱奥，面对新环境，我儿子则更加谨慎，他可能感到有些害怕，不断地想让我抱、想让我跟他一起玩。小咖球和莱奥的父母找了一块儿空地坐下，他们三个人一边享受着酒店免费的巧克力和冰激凌，一边聊天，而我一个人陪着儿子在儿童俱乐部里爬上爬下。回头看看自己玩着正开心的莱奥，如此独立自主的孩子，说不羡慕是假的。

　　第二天午饭，我们一家三口预约了酒店最有名的"树屋餐厅（Tree pod Dining）"，由于一次最多只能四人同时用餐，于是两家便分别预订了不一样的时间。树屋是由钢制框架搭建，

再由藤条编织而成，既像一个篮子又像一个鸟巢。当我们一家三口坐进这个"鸟巢"之后，树屋就被升降装置缓缓地拉升起来。丛林里的热带树木逐渐变低，庞大的树冠依次退居我们脚下，眼前的满眼绿色突然被打开，远处海湾的美景渐渐跃入眼帘，我们好似在林间起飞的小鸟一般，越飞越高。一会儿工夫，树屋餐厅停在了离地面 12 米的高空，我感觉自己像一只筑巢在树梢上的小鸟，不仅能毫无遮挡地俯瞰周边美景，还享有热带雨林里的绝对私密。此时酒店的服务人员在腰间绑着吊索、胳膊挎着竹篮，从林子另外一侧乘着滑翔飞索呼啸而来，宛如从天而降，为我们带来美酒和佳肴。

当"鸟巢"刚刚开始上升时，儿子还有一点儿害怕，但随着眼前风景的变换，我跟他说："你看，你变成了一只小鸟，飞起来了!"儿子张开手臂上下挥舞，试图模仿翅膀的样子，紧张的心情也逐渐放松下来。他看到从"天外"飞来的饭菜开心不已，反复观看服务人员每一次是如何在索道上飞过来飞过去的，并且咯咯地笑着，只要他开心，整顿午餐我悬着的心就放下来了。

我一边享受着地道的泰国料理，一边俯视远处海天一色的天际线，清风拂面，枝叶随着风轻轻摇曳，松鼠偶尔探头试图加入这场私人缤宴，而蝴蝶也在我们面前飞舞，似乎是为我们助兴。我突然觉得，这次带孩子旅行真的值了。

其实，这是我和小咖球第一次两个人带孩子出来旅行。之前我们也带孩子旅行过几次，但每次都会带着阿姨一起。由阿姨和儿子睡一个酒店房间，负责照顾孩子的起居，我和小咖球只是纯粹地陪玩。

忘记当初自己为何做出如此决定，但是自孩子出生后就一直没有同我睡过。一开始由月嫂晚上陪着，孩子睡在婴儿床里，月嫂睡在他旁边的床上，后来变成菲佣Sonia陪着，回国后换成朱阿姨陪着。儿子从出生到这次旅游，两年半的时间里只跟我和小咖球睡过两周（在酒店隔离期间）。因为家中一直有月嫂、菲佣或者阿姨，她们又都非常给力，导致照顾孩子起居的琐碎事我几乎没有管过，比如，哄睡、喂饭、洗澡、喂奶、刷牙、洗脸等。虽然我平时会在白天固定的时间陪伴儿子，如果晚上没事也会在家里陪孩子吃饭、玩耍、读书，但其实我十分不熟悉如何照顾他的起居。因此，这次出行之前我十分忐忑，想尽一切办法减少工作量，让我不会太过手忙脚乱。为了不泡奶、热奶、洗奶瓶，特意没有带奶粉，而是背了无数盒牛奶；为了不用每天洗衣服，带够了孩子几天所需的所有衣物。

懒父母果然促进孩子成长，在跟我们旅行这短短几天的时间里，我儿子彻底学会了自主入睡，他不再需要大人在同一空间陪伴了。每天晚上熄灯关门后，他可以自己入睡；他开始更多地自主进食，因为他知道我和小咖球不会像阿姨一样喂他；

他还学会了跟大人一样站着洗澡，不再害怕淋浴时水会洒进眼睛里。他之前一直便秘，每天早饭后朱阿姨都会给他吃益生菌，但情况并没有好转太多。旅行期间，不知道什么原因，我完全没有给他吃任何益生菌，他的便秘情况竟然完全好了。我开始真切地感觉到，亲自带娃旅游，同时让我、小咖球和我儿子三个人共同成长了。

与我们家情况截然不同的是莱奥一家，莱奥的父母被我称为"亲带先锋"。他们从孩子一出生就亲自接手，孩子虽然只有 3 岁多，两口子已经带着孩子走遍了很多国家。这次两家人约着一起旅行，我知道他们不会带阿姨，所以我想借此机会也挑战一下自己，不带阿姨，自己带着试试。海岛上的日子过得飞快，每天早晨睁开眼睛就可以看到儿子在我和小咖球中间已经醒来，睁着大眼睛正笑眯眯地看着我，那一瞬间我的心都融化了。在这几天的旅行中，我和小咖球形成了各自的分工，并且产生了默契，比如在睡觉前，当我去洗孩子的内衣物时，小咖球会自动带着孩子上洗手间；在我带着孩子洗澡出来时，小咖球会帮忙给他穿上衣服。其实，很多事情没有我们想象的那么难，相反，在远离喧嚣、减少社交后，我和小咖球竟然很享受这次带娃之旅，并且一致认为这是对孩子更高效的陪伴，而不是像过去一样单纯的物理陪伴，孩子在一旁玩，我俩在玩手机。我和小咖球人还没有离开 soneva kiri 酒店，就已经开始迫不及待地计划起下一次的一家三口之旅了。

说起我跟"亲带先锋"莱奥一家的相遇，也是颇为有趣。新冠肺炎疫情期间，我刚刚搬到上海，孩子当时还小，平时也不知道去哪儿遛娃，就经常带着儿子去小区的儿童会所里面玩。小区里的全职妈妈不少，但平时几乎遇不到，下午时间带孩子的（尤其是小宝宝）基本都是阿姨和长辈们。有一次，下午四点左右，我在儿童会所遇到了一位带娃的父亲，他自己带着孩子来到会所，而且从他带孩子的熟练程度上看绝对是一位"带娃老手"。之后一天，我又在相同的时间和地方看到了这位带娃的父亲，一番交谈后发现原来他是住在我楼上的邻居。后来我们两家人建立了聊天群，因为孩子只相差几个月，慢慢地变成了经常一起遛娃的朋友。

　　莱奥的爸爸是一位丹麦籍华裔，之前和太太居住在苏州，生意遍及多个行业。但是有了孩子后，夫妻二人觉得一切以孩子教育为重，便把能卖掉的生意卖掉，能交给别人打理的工作交给别人，为了上海更优质的国际学校，一家人搬到上海。两个人一心一意全心带娃，他们会请打扫卫生的阿姨或钟点工，但其职责只限于打扫卫生，任何跟孩子相关的事宜，包括孩子所有的生活起居（衣食住行、做饭、日常陪玩等），从孩子出生起都是由这对夫妻亲自负责。

　　他们的儿子莱奥也确实跟我身边大部分的孩子不一样，他非常独立自主，脾气温和有礼貌，同时又热情活泼，语言能力发展得非常好，两岁多时已经可以在中、英、丹麦三种语言间自由切换。在我认识这家人之前，他们已经带着孩子去过很多地方旅行，包括欧洲很多国家；在我认识他们之后，他们先后又去了云南、西藏等地。我经常一边看莱奥妈妈的朋友圈，一边惊叹："哇，他们居然又带孩子去了这里！"

如今他们二人带着孩子在泰国旅居，并且计划在不久的将来搬到丹麦暂住。我在网络上看过有夫妻辞职后做博主带着孩子环游世界，竟没想到这样的夫妻就在我身边：他们事业有成，却双双为了孩子改变自己的生活方式。不过他们二人完全乐在其中，由于他们早期的细心教导，加上莱奥超强的自立能力，这对夫妻是少有的，在带娃同时完全活出自我的家长。

我记得莱奥一家在离开上海去泰国之前，举办了一场送别午餐会。举办午餐会的地址选在上海的一家法国餐厅，包间正中间是一张可以坐二十人的大长桌，大人们围坐在桌子的一端，阿姨和小孩儿们坐在桌子的另一端。当时，莱奥刚刚两岁半，只有他一个人没有阿姨也不需要阿姨，自己坐在桌子一端的尽头，而他父母正好坐在桌子另一端的尽头。午饭期间，莱奥非常淡定且独立地吃完自己的饭，还跟其他小朋友们和阿姨玩成一片。而他父母坐在桌子的另一端，非常放心且惬意地喝着酒，和大人们聊得火热。

无独有偶，我身边第二组"亲带先锋"家庭也是以同样的方式相识。我、小咖球和莱奥父母在小区遛娃时，发现一对夫妻也经常在楼下带孩子玩耍。这对夫妻的丈夫是一位实业家，妻子是全职妈妈。丈夫很忙，经常需要出差，但只要他不出差就会带着孩子在小区里玩耍。我们在遛娃时经常遇到并最终相识。

这对夫妻家中聘有阿姨和助理，但阿姨主要负责打扫卫生和做饭，很少参与孩子的起居。孩子的起居、上学、玩耍等，全部是由爸爸妈妈两个人完成。与莱奥家类似的是，这对夫妻也在孩子很小的时候便经常带着他出去旅游。

这两个被父母亲带的孩子，表现出的共性都是独立能力很强、情绪控制能力很好。两个家庭看似对孩子管得很严格，但是在某些方面又极其松弛。我记得，在孩子两岁出头的夏天，我们三位妈妈一起带孩子们出去玩，她们两位会主动让孩子吃冰激凌，而且每次都是吃一大个，而我家里的孩子，姥姥和朱阿姨是绝对不会让他吃冰激凌的，我自己在孩子想要吃冰淇淋的时候虽不会阻止，但也很少主动让他吃。这两组独立带娃的家庭，一家中西结合，另一家全是中国人，但在教育模式上，两家人都表现得非常现代化。他们在育儿中松弛和紧绷的地方和国内（尤其是长辈）的带娃模式完全相反。

有时候我不知道是孩子天生本性不同，还是养育者或者养育方式不同，让他们成长得那样差异化，我甚至无法说出这些不同之间的好坏，因为真的各有利弊。但如果你问我，在孩子成长路上最后悔的事情，我想我唯一觉得后悔的地方是我应该在孩子出生后的头几年里，花更多的时间"有效地"陪伴他。

我在没有生小孩儿之前，听一位香港上市公司老板这样形容他的全职太太："她呀，比我还忙，也管理了一个团队。"我当时以为是一句玩笑话，没有多想，等到自己有孩子以后再琢磨这句话，发现这真不是夸张的描述，而是极度的写实。这位太太有两个孩子，住在香港一栋独立屋。她自己有一位秘书，平时负责琐碎事务；两位司机，负责接送两个孩子和她自己；三位菲佣，两位负责照看孩子，另外一位负责做饭、打扫家中卫生。除了她自己以外，她每天还要负责六位大人以及两个孩子一天的行程安排，繁忙程度确实跟一位小公司老板一样了。

在香港，一些条件比较好的朋友家里都会聘请家庭教师，其职责就是负责小朋友关于教育的一切。包括为小朋友选择学校、申请学校、面试辅导、接送上下学、选择课外班和私教、辅导作业、长期教育规划等。在香港，我听到最有意思的私教是我一位香港朋友专门请野外生存老师负责周末带孩子爬山，我一听野外生存四个字，感觉人家孩子虽然跟我一样爬山，但是瞬间专业了许多。由老师带领爬山其实不算夸张，我还认识一家香港人，在孩子准备申请美国私立寄宿学校前，把美国寄宿学校的校长接到香港家中跟孩子一起吃晚饭，提前让孩子了解学校的文化，孩子喜欢后才会申请，这真是名副其实的学校和学生之间的"双向选择"和"双向奔赴"。

在上海，身边也认识不少家庭聘请了全职家庭老师，他们既可以带小宝宝唱歌、跳舞、游戏，也可以辅导大孩子做数学、语文、英语、逻辑思维等功课。我还认识一位在上海的朋友，她有两个孩子，并为每一个孩子都聘请了全职家庭老师，这两位老师都是师范大学毕业，会陪伴两个孩子去任何地方，小到迪士尼，大到出国旅游。因为这两位家庭老师年龄跟孩子的妈妈相仿，穿着也很时髦，在刚认识她们的很长一段时间里我都误以为这两个人是孩子的妈妈。

在上海，教育规划类的老师往往要单独聘请，比如有意去国外留学的孩子，可能最早会在10岁左右开始介入"爬藤规划师"。上海年龄小的孩子可以聘请的上门私教种类繁多，有陪玩玩具的、陪搭乐高的、陪做手工的等，孩子年龄大了，学的科目更是五花八门，除了文化课、兴趣班、私教补习外，还可以看到小区里有上门体能私教老师，带着大孩子做运动提高体能。我认识一位上海妈妈，为了孩子能说一口流利的英语费尽了心思，聘请了一位全职英国外教，早九晚五到家里上班，好给孩子在家中提供地道的英文环境。当然，结果是喜人的，她孩子年龄还不大的时候，英语说得比我都溜儿多了。

海外的华裔妈妈们也毫不逊色。我认识一位纽约的华裔妈妈，为了孩子会说西班牙语，从小给孩子请了西班牙佣人，同时每周有法语私教老师上门授课，加上纽约的英语环境和父母的流利中文，小小年龄的孩子已经熟练掌握四种语言了。另一位在伦敦家庭经济条件比较好的妈妈，为孩子聘请了全职英国家庭老师。由于工作原因，她经常需要在全球四处飞，这位全职英国老师也跟着小朋友一起全球飞，保证孩子在旅途中不会落下学习进度。当然，无论飞到哪里，都要为这位老师预定一间房，同时提供餐食补贴，想想这费用开销都觉得惊人。不过，她无需为这位英国老师支付机票钱，因为她有自己的私人飞机。

我发现，经济条件比较好的华裔妈妈们，在孩子起居之外都会额外聘请非常多的私人老师，她们可能更相信专业的人做专业的事。因此，她们身后基本都有一个"团队"在带娃。

作为普通阶层，国内最常见的带娃方式就是聘请阿姨。我非常幸运第一次就聘请到了心仪的朱阿姨。由于朱阿姨带娃很给力，也给了我不少可以偷懒的空间，但是偷懒之余，我还是会尽量多花一些时间陪孩子。有一次，我约了两个朋友一起到游乐园遛娃、吃晚饭。放学后，我一个人带着孩子来到了游乐园，结果一看对方两人都带着阿姨。最后变成了我和两个阿姨一起陪孩子玩，那两位妈妈朋友坐在用餐区开心地聊天。从那之后，我每次约人遛娃，不管是去吃饭、去游乐园，还是去旅游，我都事先问好："咱们带阿姨吗？"

因为我没有换过阿姨（也没有换过菲佣），所以没有频繁更换阿姨的烦恼。我周围很多妈妈，都会时不时地进入一段"换阿姨期"。这段时期，她们像消失了一样，完全无法出家门，因为被家里的孩子搞得焦头烂额。我认识最夸张的一位朋友，她一年之内换了六位阿姨，那一年我感觉她一直都处于寻找阿姨的状态。跟她一样头大的，可能还有帮她找阿姨的中介公司。

内地聘请全职带小孩儿的阿姨可能会到孩子上幼儿园或者上小学截止，但是香港很夸张，可能因为香港菲佣工资相对较低，朋友家里的孩子很大了还会请菲佣全天陪着。在香港，一个中产家庭至少会聘请一位菲佣。我有不少朋友，虽然只有一个小孩儿，但是家中都聘请两位菲佣，一位负责全职带孩子，一位负责家务。在香港，除了周日菲佣放假，平时菲佣跟着一起带孩子出门基本是常态。我有一位朋友有游艇，她经常很大方地邀请朋友们在下午带着孩子登上她的游艇一起玩。那年夏天，一到下午几个朋友便都带着自己的孩子和菲佣登上她的船，结果发现，所有的菲佣和孩子们会在一个区域玩耍，妈妈们则在另一个区域聊天，跟孩子没什么交集。后来，我学会一个词——物理陪伴，即共处一个空间的陪伴。在香港因为菲佣太给力了，周围很多妈妈对孩子都长期处于"物理陪伴"状态。我听说过很多孩子走到哪里都需要菲佣而不是妈妈的故事，也听过很多菲佣因为一些原因离职后孩子难过不止的故事。

我还真有一位朋友吃菲佣的醋，她向我吐槽说孩子更爱菲佣而不是她。其实，任何人都代替不了父母。如果真的可以找到一位尽职尽责又有爱心的菲佣或者阿姨，让孩子多享受一份关怀，也并不是什么坏事。

即使这位妈妈吃菲佣的醋，也会跟菲佣一起带孩子，毕竟菲佣可以对照顾孩子起到一个辅助性作用。不过我认识一位朋友，她是"亲带先锋"的反面，这里就暂时称呼她为"不带先锋"吧。

"不带先锋"是一位女强人，在香港拥有自己的金融公司，她结婚生子比较早，目前孩子已经上中学了。因为忙碌的工作和潇洒的性格，"不带先锋"的孩子几乎完全由菲佣带大，平时也由菲佣负责接送孩子上下学、上兴趣班、玩、吃饭等。不过，学习或者作业这些都是由孩子自己独立完成。

在我生孩子之前，"不带先锋"是我最喜欢的"妈妈朋友"。因为大部分当妈妈的朋友出来聚会，都是三句不离娃（没想到我现在也变成了这样）。当时，没有小孩儿的我，听到关于孩子的话题时毫无代入感，往往都是一个耳朵进一个耳朵出。但是"不带先锋"不一样，她聚会时从来不提孩子的事。我曾多次与这位"不带先锋"一起旅游，最长的一次将近两周，除了每天晚上跟孩子打视频电话说晚安以外，我几乎感觉不到她是一位妈妈。聊天时，她也会说到孩子，但孩子永远都不是话题的主角，主角永远是她自己。当我每次在母亲的"角色"中太深入而感到迷失时，我都会去想"不带先锋"，从而提醒自己：我才是自己生活的主角，我先是我，之后才是一位母亲。

印象最深的一次，是很多年前"不带先锋"的孩子准备升小学的时候。有一天我们约了晚饭，她很少迟到，但那天姗姗来迟，坐下就跟我说："别提了，我居然错过孩子申请小学的时间了。"

"什么？"我以为听错了。

"有几所我想让孩子上的小学，我错过它们的申请时间了。"她的语气开始恢复平静。

"那怎么办？"其实我心里在想，居然还有这种情况。

"幸亏我一位朋友提醒我，现在还能申请其他几所小学。"

"你想让孩子上的那几所都去不了？"

"有一所也许可以找找关系，再递材料，但只能碰运气了。"

对此，我无言以对。

这是"不带先锋"第一次跟我说起孩子的事，没想到话题竟然是她错过了孩子小学申请的报名日期。她的孩子其实非常出色，目前在香港一所知名国际中学读书且成绩优异。妈妈完全不鸡娃，孩子的自驱力反而很高；妈妈平时在教育上躺平，意外的是很自律。

"不带先锋"和她的先生都十分热情好客，喜欢在家中设宴招待朋友，常年处于"我家大门常打开，开放怀抱等你来"的状态，家里经常有流水席，到了深夜依然高朋满座。

我曾问她："这么晚，会不会打扰到孩子？"

"不会的，他从小就习惯了。"

"不带先锋"的孩子从小就十分自律。当年孩子年龄小，大人们在客厅应酬，他就自己一个人乖乖地回房间睡觉；现在孩子大了，变成大人在客厅开派对，他自己在屋里学习。

有一次晚上快11点了，我还在"不带先锋"家喝红酒，微醺的状态下朦胧地看到她的孩子从屋子里出来去厨房拿水喝，拿完之后又一个人不声不响地回了房间。透过门缝，我看到屋子里昏黄的灯光、桌子上垒着厚厚的一叠书和摆在正中间亮着屏幕的电脑。再看看其实还只是个孩子的他，不知道为什么湿润了眼睛。哎，可能是喝多了酒，醉了。

香港的夏天炎热且潮湿，即使是清晨，也没有丝毫清爽感。我胸前用背带背着十个多月大的孩子，走路时步履蹒跚像只企鹅，还是一只热坏了的企鹅。菲佣Sonia帮我拎着大袋子，里面放着尿不湿、水壶、湿巾、口罩等一堆零碎物品，我们三人在星期六上午8点1刻匆匆忙忙地坐上了汽车，去迎接孩子一生中的第一次上学。

不过这个"第一次上学"并不是我想象中的孩子自己背着

书包上小学，也不是让孩子因为分离焦虑而爆哭地上幼儿园，而是上 Playgroup。在香港，Playgroup 是专为幼儿设计的亲子游戏小组，旨在学前启蒙幼儿认知，为入读幼儿园（N 班 /PN 班）或幼稚园（K 班）做好准备。身边朋友的孩子就读比较多的两家分别是 Infants, Toddlers & Twos（ITT）和 Arts Plus。ITT 被不少家长视为入读"神校"宝山幼儿园的踏脚石，Arts Plus 则被家长称为铜锣湾维多利亚幼稚园的"预备班"。相传，就读 ITT 和 Arts Plus 的孩子可以优先获得宝山幼儿园和铜锣湾维多利亚幼稚园的面试，在条件相似的情况下上过 Playgroup 的孩子会被优先录取。我也不能免俗，在孩子出生后不久也随大流为他报了名，想着只要孩子不反感，就当去玩儿了。

最先录取我们的是 Arts Plus，十个多月大的儿子将参与专为八至十二个月月龄宝宝开设的婴儿班，每周周六上午 9 点至 10 点 1 刻，由一位成年人陪同孩子一起上课。今天是第一次上课，小咖球由于在外地出差，本来我一个人带孩子去也没问题，但为了增加一些孩子"第一次上学"的仪式感，我叫上了从小看护孩子的菲佣 Sonia 跟我们同行。

三人提前 15 分钟到达了位于香港岛黄竹坑的校址，学校大门还没有打开，到达的家长和宝宝们在门口的走廊里就已经排起了长队。我看到队伍的一瞬间震惊了：每一组家庭，毫不夸张地说每一组家庭都是爸爸妈妈陪同孩子一起来的，除了我自己带着菲佣。可以理解这应该是在场每位宝宝的第一次上课，但真的没有其他家长在出差吗？

校门于 8 点 50 准时打开，我和 Sonia 一起进去帮儿子脱鞋、存包等，由于只能由一位家长陪同上课，菲佣便离开学校到楼下的咖啡厅等着我们，而我便一个人抱着儿子走进教室。第二轮震惊即将到来。

大概十几位宝宝的教室里，只有我和另一位妈妈，其余陪伴上课的都是爸爸。全！部！是！爸！爸！ 1 小时 15 分钟的课程里，包含中间的休息时间，我儿子会坐不住，爬来爬去，偶尔还会不开心地哭，我则手忙脚乱地不时需要站起来抱着他走来走去，以安抚这个来到陌生环境的小人儿。同时，我观察了教室里的这几位爸爸，全程自己带半岁多的孩子居然非常顺利，我的敬佩之心油然而生。面对孩子的哭闹，这些爸爸们应对得游刃有余。我不禁在想，我家里的小咖球如果陪儿子上课，会是什么样子呢？

"香港的爸爸们太厉害了，亲力亲为，简直是父亲之光，是爸爸们的榜样。"我迫不及待地把我的发现告之给朋友们，像拿着喇叭广播一般，逢人就说："太不可思议了，周六早晨 9 点，在香港半岁至一岁的亲子课里陪伴上课的竟然都是爸爸。"

一位三个孩子的老手妈妈（孩子之前都在宝山上学，现在老大老二在汉基国际学校上学）见怪不怪地对我说："你不会不知道吧，据说这些 playgroup 会为出勤打分，爸爸陪孩子上课给两分，妈妈陪孩子上课给一分，菲佣或者其他长辈来没有分。"

"啊？这是真的？"

"具体没有证实，但家长之间一直流传着这样的说法。"她肯定地回答道。

"这是真的。"另一位孩子已经上宝山幼儿园的朋友立即接话："打不打分我不清楚，但是他们肯定会记录是谁来陪孩子上课。因为之前我女儿面试宝山幼儿园时，校长当面直接跟爸爸说：'爸爸从来没有上过 playgroup 呦'，我家孩子爸爸听完一身冷汗，他之前确实一次都没有陪过孩子上学，结果之后的几次 playgroup 都是他陪的。"

不管这个打分系统是不是真实存在，我们这些母亲们都还挺喜欢这个打分系统的，至少从学校和社会的角度支持和鼓励爸爸们参与孩子的教育。在小咖球出差回到香港后，我第一时间就告诉了他这个打分系统，虽然他在该周周五应酬到很晚，但在第二天周六的早晨依然自告奋勇地要求带娃去上亲子课。

我怀着忐忑的心情在家中等待，其实这不仅是小咖球第一次单独陪娃上学，这也是他第一次单独陪娃相处长达 1 小时15 分钟，毕竟在孩子成长的这十多个月里，家里不是有我，就是有月嫂，或者是有菲佣，小咖球完全没有机会单独和娃长时间相处。叮咚！我第一时间打开了门。

"怎么样啊？"我急切地询问。

"还不错。"

"顺利吗？孩子哭了吗？"我想知道更多细节。

"哭了一会儿，后来好了。"

"哭了多久？后来不哭了吗？"

"不哭了。"感觉小咖球并不想过多地讨论细节。

我看他们顺利地到家，便信以为真，没再继续追问。下午时分，不知道跟菲佣 Sonia 聊起了什么，她突然说上午上课的时候因为不放心小咖球带娃，所以没到楼下的咖啡厅等待，而是在学校门口的走廊等着。

果不其然，Sonia 告诉我小咖球带着孩子进教室没到 15 分钟就抱着爆哭的孩子出来了。Sonia 在帮忙安抚孩子后，小咖球继续挑战再次带着孩子回到教室。最终，因为孩子持续哭泣，他再次走出教室。两个人商量后，最终决定由菲佣 Sonia 带着儿子进去上课，而小咖球则到楼下的咖啡厅等待，最终以这样的形式结束了"爸爸第一次带娃上课"。我边听边思考：这种情况学校会打几分？

令人兴奋的是，在小咖球多次尝试带孩子上亲子课后，这对父子终于可以在黄竹坑的教室里和谐共处了。然而好景不长，我们即将搬到上海，这样每周一次的父亲陪课生活就这么短暂地告一段落了。我其实很怀念那段周六的早晨，不知道小咖球怀念吗？下次我要来问问他。

回到上海后，孩子 1 岁半左右时我同样为他报了亲子课程班，也是沪上一家非常有名的亲子课，课程分中文班和英文班两种，每节课一个半小时。我带孩子既参加过英文班，也参加过中文班。英文班大概有十个小朋友，每一次父亲参与的人数为一到两人，其余全部是母亲，偶尔有阿姨或者长辈；中文班每一次母亲参与的人数为两到三人，其余全部是阿姨或者长辈。很遗憾，在上海半年多的亲子课中，小咖球一次都没有参与过，我自己甚至都偷了几次懒，让阿姨替我陪孩子上了几次中文班。

上海和香港知名亲子课中父亲的参与度区别是非常明显的，这其实从侧面反映出国内父亲在孩子教育中的参与度。在我生小孩儿前，就听内地的朋友们提到过两个网络流行语"丧父式育儿"和"诈尸式育儿"。"丧父式育儿"顾名思义就是家里拥有一个时常缺位、隐形的爸爸，网友戏称这种有爸爸跟没爸爸一样的育儿方式叫作"丧父式育儿"。"诈尸式育儿"是指父亲在平时几乎不参与孩子的家庭教育，宛如"丧父"一样，可是当孩子出现问题时父亲会突然如"诈尸"一般出现，声讨孩子及孩子母亲的教育方式。我最初听到这两个词时觉得十分有趣，竟然笑出了声，但我很快就意识到在这两个词背后，隐藏的是多么悲哀的社会现实。

在上海，社会氛围似乎默认了父亲赚钱养家，母亲顾家带娃的模式，这种社会氛围不鼓励父亲参与育儿，甚至有时候会阻碍原本想参与育儿的父亲，让这部分父亲产生尴尬。

有一次，社区举办"小模特"走 T 台的活动，活动前需要家长领着小朋友们一起参加彩排，我身边的"亲带先锋"乐妮爸爸带着乐妮去参加彩排，彩排后跟大家说："参与彩排的小朋友有男有女，但是陪伴彩排的家长除了妈妈就是阿姨，全场只有我一位父亲。"他说话的神情有些自豪，又有些尴尬。

类似的情况还有很多。我们一家人在上海共参加过两次社区举办的万圣节讨糖活动。每次活动时，社区会把参与的家庭分为若干个小组，每组大概有十几个家庭，然后分组去各家各户为孩子讨糖。我每次都会为自己、小咖球以及孩子准备好万圣节的衣服，然后全家人一起出去讨糖。第一年我们分到的小组只有小咖球一位父亲到场，第二年我们分到的小组加上小咖球共有两位父亲到场。我仔细观察我们小区，万圣节有父亲参与的家庭不超过五组，这些稀有的父亲们在小区里碰到彼此时都一副惺惺相惜的样子。

还有一次，朋友的小孩儿在游乐场举办生日晚餐会，邀请函上写着"邀请您全家出席"。我们一家三口到达生日会场时，发现十几个家庭里面除了寿星的爸爸以外，包括小咖球在内只有两位父亲到场。最后，这三位父亲抱团地在晚餐时坐在了一起。

这样的例子数不胜数，在上海各种育儿场合，孩子爸爸的数量都凤毛麟角、比例极低。我认为，出现这种现象的主要原因有二：一是大部分的父亲确实为家庭做出了更多的经济贡献，他们更着眼于工作，确实太忙了；二是孩子父亲参与育儿的社会氛围不浓，打击了父亲带孩子参加活动的积极性。

其实，父亲带娃也会相互影响，也有同侪压力（peer pressure，也称为同伴压力，是指个体在同龄人或社会群体中为了适应群体规范而感受到心理压力，这种压力可能导致个体做出与自身价值观或意愿不符的决定）。新冠肺炎疫情期间，小区里的几位"亲带先锋"爸爸们经常会在楼下遛娃。这些优秀的父亲们感染了小咖球，那段时间小咖球每天下午都会在固定时间带着孩子在楼下玩耍。有趣的是，小咖球用自己的实际行动感染了他的朋友们，他们也开始越来越多地出现在楼下。有一天，我发现小区的院子里有同时四五位男士在遛娃，孩子们自己玩自己的，这些爸爸们则围在一起聊天。我从阳台上观察他们，发现他们跟旁边围成一圈聊天的阿姨们没什么两样，挺有意思的。

因此，良好的社会氛围会促使爸爸们更多地参与孩子的教育过程。这就是为什么我特别喜欢香港 playgroup 的爸爸陪伴打两分机制，哪怕这个机制是假的，但这个机制的传说极大地鼓励了香港爸爸们参与孩子的早期教育。

比中国香港爸爸们参与度更胜一筹的是欧美的爸爸们，尤其是北欧爸爸。在记录英国人在丹麦旅居的书《丹麦一年》中，作者海伦·拉塞尔在白天外出时发现周围的男性比例很高，他们身后通常还跟着个小跟班。作者描述道："经常可以看到男人大白天推着婴儿车四处逛，推宝宝荡秋千，下午三点半从托儿所接孩子回家，或者在超市里一手拿着生菜一手抱着婴儿四处乱转。"同时海伦·拉塞尔还表示，经济合作与发展组织的研究证明，北欧国家的男性比以前更多地参与育儿活动。

丹麦父亲带娃比例高的其中一个原因就得益于社会氛围。

丹麦法律规定产假是夫妻共享的，孕妇从预产期前 4 周开始休假，产后有 14 周产假，这期间配偶享有两个星期的假期。孩子出生 14 周后，夫妻双方各有 32 周的父母假。孩子满 9 岁之前，夫妻双方可以自由安排父母假。海伦·拉塞尔说："由于丹麦大多数男性会休育儿假，因此他们能更快地跟孩子建立亲子关系，并学习传统上由母亲负责的育儿工作。"

我曾经看过一个 Netflix（网飞公司）的纪录片，里面讲述母亲的生育、养育行为，比如，怀孕和哺乳会导致身体大量分泌两种荷尔蒙——催产素和催乳素，这两种荷尔蒙会让母亲把"少女脑转换成母亲脑"，使母亲出现更多的母性行为与考量，让母亲对孩子的哭声做出更迅速的反应，让母亲更爱孩子，所以也有人称这种荷尔蒙为"母爱荷尔蒙"。但是父亲们没有怀孕的过程，身体并没有产生所谓的"父爱荷尔蒙"。该纪录片表明，让父亲更爱孩子的方式就是时间和陪伴，当父亲花越多的时间和精力在育儿活动中，就会越爱孩子。

通过我自己观察加研究得出，部分欧美爸爸参加育儿活动要比亚洲爸爸多；香港爸爸参加育儿活动要比上海爸爸多。其实爸爸参与育儿的好处甚至都不用我再多做解释，随便一搜便有大量研究和文献，比如，父亲是孩子重要的游戏伙伴；父亲是男孩模仿的对象，是女儿依赖的港湾；父亲的角色影响孩子的性别认知，影响孩子身心健康，影响孩子情商发展，影响孩子良好个性的形成。父母在孩子的成长之路上分别扮演着不同的角色：母爱的温柔、细腻和父爱的博大、宽广，相互不可替代。

父亲积极参与育儿除了对孩子有利无害外，对夫妻关系更是锦上添花。密苏里大学的研究员亚当·戈尔文（Adam Galovan）表示："丈夫和妻子在家务中的具体分工并不重要，重要的是两个人都参与。当丈夫和妻子共同分担育儿和家务的责任时，双方都会感到更加快乐，而这样的工作并不一定要平均分配。"佐治亚州立大学的社会学助理教授丹尼尔·L·卡尔森（Daniel L. Carlson）的最新研究显示：与不协助照料孩子的男性相比，分担育儿责任的男性更可能拥有较为滋润的爱情和满意的性生活。

各位爸爸们，今天你们带娃了吗？

"我喜欢姥爷，我想永远跟姥爷在一起！我不喜欢姥姥，我只喜欢姥爷！"

我父母拎着行李箱刚去机场，随后我儿子就在家里发表对姥姥、姥爷的观点：很明显他喜欢我父亲，不是那么喜欢我母亲。我把孩子这句话复述给我父母时，我父亲自然是喜笑颜开，我母亲也丝毫没有伤心之意，她相反很自豪地说："我可都是为了他好。"

我和小咖球原本计划带孩子一起去越南旅行，但是出发前一周孩子不幸得了肺炎，低烧不退并且肺部有明显阴影，连续去医院输了五天阿奇霉素后肺部依然还有杂音。我们只能临时

146

拜托我父母从老家飞到上海照顾孩子，原本的三人亲子旅行变成了我和小咖球的二人世界。我父母倒是非常给力，在听我说明情况后立马放下手头的其他事务，隔了一天就从老家坐飞机赶到了上海。他们二人有一阵子没见到外孙了，自然是非常欣喜，但是孩子生病还未痊愈，对此内心也是十分焦虑。

我和小咖球一共离开家两周多，孩子在姥姥姥爷的细心照料下很快就痊愈了：烧退了、肺部阴影消失了、肺部也没有杂音了。最后一次检查时，一位细心的儿科主任叮嘱："肺炎一定要好彻底，否则容易反复，建议孩子在家休息一周。"我母亲本来就不主张孩子到处乱跑，在听了医生这句嘱咐后仿佛拿到御令一般严格执行。

在我和小咖球离开的两周内，我儿子完全没有出过门，即使在家休息了一周后，我母亲依然本着"孩子太小，不要折腾"的道理，不让孩子出门。两个星期的时间里，孩子一天都没有上过学，平时课后的兴趣班全部停掉，也停止了上门家教课。期间，孩子只下过两次楼，在小区院子里跟我父亲溜达了几圈，但是完全没有出小区的大门。平时我在家的时候，每周至少带他吃冰激凌、马卡龙以及两次蛋糕，每周至少带他去游乐园玩一次。但是，在这两周多的时间里，我母亲坚持认为吃甜品对孩子不利，游乐园更是细菌大染缸。在我的强烈请求下，我父亲偷偷出门为孩子买了一颗马卡龙"外卖"。除此之外，我儿子没有享受到任何"福利"。

即使待在家里，姥姥也是追在孩子身后反复强调"多喝热水""不能光脚"，甚至因为害怕孩子洗澡受凉而减少了洗澡次数。她的口头禅是"孩子这么小，累坏了怎么办""孩子这么小，生病了怎么办""孩子这么小，抵抗力差"，等等。最后，据我父亲和阿姨反映，有一次我母亲又在碎碎念了，我3岁不到的儿子直接跟他姥姥说："姥姥，你怎么总是说我？姥姥，你闭上嘴吧！"

旅游回到家后，我非常感谢父母的帮忙，因为有他们俩才让我和小咖球得以不浪费定好的机票和酒店，还享受了难得的二人世界。回家了解了儿子的状况后，我可以充分感受到我父母对外孙的疼爱，但是心底里我无法认同母亲的育儿理念。刚回来的那一两天，我甚至因为看不惯她对待孩子的方式跟她红了几次脸。长辈的爱我从未质疑过，但是"以爱之名"束缚孩子，我有点儿接受不了。

在父母离开上海回老家的当天，我母亲给我发来了信息："我不建议现在让孩子回到幼儿园上学，他应该再多在家休息几天，他还是太小了。"

我看过之后没有回复，当天直接把孩子送进了幼儿园，同时让他参加了课后的篮球课，并且在回家之前带他去吃了他最喜欢吃的马卡龙。平时我只让他吃半个，但是看在这次憋了这么久的份上，我让他吃了一整个。坐在甜品店里，我打开手机，姥姥依然在焦虑地发着试图阻止我的信息，我一字一句地看完她的信息，默默地关掉了对话框。

让长辈参与到带娃的过程是有益处的。在《美国儿科学会育儿百科（第7版）》中写道：（外）祖父母都应该尽可能地在小宝宝的生命中扮演积极的角色。研究显示，那些得到过（外）祖父母看护的孩子，在整个婴儿期以及以后都生长发育得更好。（外）祖父母的心中充满对孩子的疼爱，这会深深影响孩子的发育。随着（外）祖父母与孩子相处的时间不断增加，他们与孩子之间会建立起持久的亲情，他们会为孩子提供无价的疼爱和指导。

但是，在条件允许的情况下，我并不觉得（外）祖父母可以完全替代父母的角色。在情感方面，自然无法完全替代父母；在教育方式上，毕竟两代人相隔二三十年，父母的育儿工作是无法完全由长辈代替的。以我为例，我自己因为在海外生活了将近16年，我的育儿方式跟我母亲不但有时代的差异，还有东西方的差异。比如，我从来不管孩子是不是穿袜子、有没有喝热水、吃没吃凉食等小事，但这些恰好都是我母亲很在意的事。相比较而言，我父亲的育儿理念跟我相对接近一些，同时他又比较含蓄，当彼此的观点相悖时，他不太会把他的观点强加给我和孩子。因此，我和父亲在对孩子的教育方面相处得更为和谐。

毕竟，我之前就已经意识到：第一，改变一个人的教育观是很难的，所以我不会试图改变我母亲的教育观，我只能默默地希望她也可以放弃改变我。第二，教育观没有对或错。我和母亲的想法不同，但我们并没有绝对的对错。

只是，谁让我儿子是我的孩子呢？因此，对不起了妈妈，您可以尽情教育我，但是在教育我儿子这件事情上您得妥协。我似乎可以想象到我母亲看到这段文字的样子，她应该不会生气，可能会翻个白眼说："这个小白眼狼，我还不是为了你和你的孩子好！"

第 **7** 章

如何缓解择校焦虑

每个人都有自己不同的择校逻辑和家庭需求，只要坚持有逻辑且能自洽地选择，我相信结果都不会太差，同时家长也不会因自己的选择而事后感到后悔或者犹豫。

一位颇有经验的母亲曾跟我说:"孩子年龄越大,父母越躺平。因为年龄大的孩子基本已经定型,家长可畅想的空间越来越小,如果孩子真是学习这块料,家长根本不用操心;如果孩子对学习完全不开窍,家长着急也没用,学不出来。"她这话乍一听有点儿绝对,但却颇有些道理,其中的逻辑我觉得同样适用于"择校"。

　　随着孩子年龄越来越大,在为他们选择高中、大学或更高等的教育时:第一,不是家长想让孩子上哪所学校,他就能上哪所,主要看孩子的能力。只有较少数情况,当孩子的条件特别出众时才会进入"孩子和学校双向选择"的阶段。大部分的孩子都是申请自己能力范围内的学校,然后被学校挑选,家长在这个过程中基本没有太多选择权。第二,孩子越大,越有自己的想法。我一位香港朋友,她女儿十三岁时准备出国留学,从选择去哪个国家、到具体申请哪几所学校、再到录取后的最终选择,她完全不听父母的意见,从头到尾非常有主见地坚持自己拿主意。可见,当孩子年龄大了以后,父母在为孩子择校这件事上，往往都会产生无力感。

因此，所谓"择校"二字，主要集中在孩子比较小的时候，为孩子选择早期教育，比如，幼儿园、小学、初中（其实，初中时很多家长已有无力感了）。就这些阶段而言，一是孩子相对"弱小无力"，家长可以掌握决策大权；二是孩子未被开发，拥有无限的可能性和选择，家长非但没有无力感，反而拥有满满的畅想空间。不过正是因为早期教育阶段各种五花八门的选项摆在眼前，家长往往才最容易混乱，反而无从选择。

我高度认同且坚持执行的择校方式是有逻辑地、自洽地择校。把择校当成一项理性工作，有前因后果地找到最适合自己家庭情况的答案，切勿盲目听信宣传、相信传说或者轻易被别人的观点所动摇。

今年年初，在上海，朋友邀请我参加了一次全部都是家长的午餐聚会，包括我在内，一共有七位家长，当天的话题主要是关于择校。席间不知道是谁问了爸爸甲："你女儿最后上的是哪所幼儿园？"

爸爸甲有些自豪地说："当然上的是 A 幼儿园啦。"

A 幼儿园是沪上颇具名气的一家幼儿园，但以我与其打交道的经历，以及一些孩子曾在其中就读的朋友的反馈，得出该幼儿园教学水平一般。我便好奇地问："为什么最终选择 A 幼儿园呢?"

爸爸甲的语气中藏着些许狂妄:"在全上海,小女孩儿只能上一家幼儿园,那就是 A 幼儿园,我们家孩子是女孩儿嘛,就申请了这一所。"

我一时没有反应过来,"在全上海,小女孩只能上一家幼儿园"这句话是什么意思,这居然是一个选择幼儿园的理由。因为他的回答有点儿太出乎我的意料,我甚至有些尴尬,不知道该如何接话。

菜品陆陆续续地端上桌,妈妈乙说:"我打算为孩子申请 B 小学。"B 小学是上海一所知名小学,成绩优异,同时以极度鸡娃著称。

"B 小学很鸡娃啊,看来你准备走鸡娃路线啦!"我打趣儿地说。

"也没有,都说 B 是上海最好的小学,我先试着申请,万一被录取了就让孩子上呗。"妈妈乙倒是比较随性。

我见状不对,打算少说两句,把注意力转移到食物上。正当我准备把一块儿爆炒得油光锃亮的腰花放入嘴中时,餐桌上突然有人问我:"你将来对孩子是怎么安排的呀?"

"可能考虑国际学校吧。"其实我也没完全想好,本来想说出我的原因跟大家一起讨论,"我们将来……"

突然有人打断了我:"上海的国际学校不能上的呦,诶呀,真正厉害的家庭都不让孩子上国际学校的。"

对此,我愣了一下。

"国际学校经常出现霸凌事件，不能让孩子去呀。"

当时，如下几个问题闪现在我脑海中：上海国际学校千千万万，怎么可以以偏概全地评价？如何定义"厉害的家庭"？非国际学校就没有霸凌事件吗？我忍住没有反驳。毕竟这些描述和话语完全不是一个有逻辑的陈述，面对无逻辑陈述时，作为听者，我不会太当真，左耳朵进右耳朵出吧。

那天的甜品是我喜欢的流浆巧克力蛋糕，蛋糕外层是薄薄的焦酥，里面的部分湿润软绵，最中间的流心温暖、细滑、绵密，但是我怎么吃都觉得不是滋味。

当天晚上，回到家中我向小咖球吐槽："竟然有这么混乱的择校逻辑！"

"那你觉得，你欣赏你周围哪个朋友的择校逻辑？"小咖球又开始进行社会实验般地询问。

"你别说，有很多！"

恰好在一周前，我在香港跟一位老友叙旧，她为儿子申请了四所小学，正在等待结果。我觉得，她的择校方式既简单有逻辑又不内耗。

这位朋友小丹和她的老公都是英籍华裔，在英国结婚生子。因为工作的关系，夫妻二人不久前搬到了香港，正好到了需要为儿子申请小学的时间。首先，两个对香港教育一无所知的人，先对香港耳熟能详的十几所名校进行了校园拜访，先了解了香港国际学校的大概状况，对每个学校的优劣势建立了一定的认知。然后，夫妻二人在家讨论，在择校的无数因素中他们最看重什么，得出两个因素：（1）他们只考虑在小学阶段采用英国国家课程（English National Curriculum）的学校，因为工作原因，他们在未来几年内有一定可能搬回伦敦。为了让孩子在两个城市的教育中无缝衔接，使用同一种教育体系是最重要的；（2）地理位置，两个人都有工作且非常忙碌，虽然菲佣可以接送孩子，但是夫妻俩一致认为在孩子比较小的时候，不想让他花太多时间在路上奔波。

虽然香港的名校数不胜数，其中有不少国际学校都会在中学阶段推行英式教育，但如果仔细了解就会发现，部分国际学校在小学阶段并不会使用英国的教育系统。所以单是在小学阶段采用英国国家课程的学校就已经不多了。再考虑位置的因素，最终小丹可以为儿子申请的学校只有三至四家。

夫妻二人顺利地决定好要申请的学校，行云流水般地完成了申请工作。小丹在跟我吃饭的过程中一身轻松，她说刚搬到香港的时候，因为听不少妈妈朋友们讨论择校，又是昂贵的学券，又是严格的打分制，又是需要在入学前托人找关系，弄得她焦虑不已。但是在想清楚自己的实际需求后，结合探校的信息，那些"传说中的名校"其实并不适合她的家庭。她找到了现阶段最适合她儿子的学校，有理有据，又自洽。

她不再为择校焦虑了："现在听别人说这个神校、那个牛校，都已经没感觉了。找没找到最好的我不清楚，但是这几所学校最适合我儿子。"

　　我在为自己的孩子选择幼儿园时，做了一个让大家深感意外的选择。当时，我选了一家完全没有名气、周围很少有朋友听说过、离家也不近、费用也不便宜，但是我认为小而美的学校。以至于每次别人问我孩子上的幼儿园，我说完幼儿园的名字后就会出现两种情况：一是对方无限地沉默，然后结束这个话题；二是对方百思不得其解，不断向我询问原因。

　　我从香港带着孩子刚搬到上海时，因为我们一家三口都是外籍，面临的选择有公立幼儿园国际部、私立幼儿园、国际幼儿园等，可选择的非常多，确实有些让我无从下手。上海著名的幼儿园数量也非常多，每一个种类里面都有几家赫赫有名的幼儿园。当时周围朋友们的孩子上得比较多的都是那些耳熟能详的名校，其中有几所学校我是回到上海后才知道的，但有一两所学校我在香港时就已经听说过它们的大名，多多少少有一些了解，但在自己没有亲身接触之前，依然觉得这些学校充满了神秘感。

　　在决定回上海后，我第一时间报名了上海一家著名幼儿园的亲子课。这家幼儿园很有名气，周围有不少朋友的小孩儿曾在里面就读。因为我在香港已经带着孩子上过两家不同机构的亲子课，自身对亲子课有一定的了解，所以也想借着上亲子课的机会认识一下这所"沪上名校"。但是整体体验令我对其印象大打折扣。

先说好的地方，里面有几位老师非常棒，在授课时我可以感受到他们对小宝宝的关爱和细心，在开课一段时间后我的孩子对这里并不排斥。但是让我感觉不舒服的地方真的太多了。

第一，上课形式不适合我的孩子。每节课有将近一个小时的时间需要孩子们在教室里，围绕老师坐成一个半圆。当时班里有十几位一岁半左右的小宝宝，有些小宝宝确实可以从头到尾坐在家长前面，全程关注老师，跟着老师做完指定的动作，不哭不闹，我看到这样的孩子以及他们的父母羡慕不已。但是还有一些孩子，总是坐不住，总会站起来东跑西颠，对老师讲的内容毫无兴趣，他们的兴趣总是在其他地方，如果强行让他们坐下他们便会此起彼伏地哭泣不停。很遗憾，我儿子属于后者。他永远无法安静地坐在我前面，即使坐下了也只能维持短短几分钟。他对老师讲的东西、示范的内容很少有感兴趣的。反而经常会被墙上贴的图画、教室的门把手、角落的垃圾桶吸引，并且在整个屋子里转来转去。有一节课，他发现踩下垃圾桶脚踏板垃圾桶盖子会打开，这件事情引起了他极大的兴趣，他踩下、松开，踩下、松开，玩了二十多分钟都没有踩腻。他听不进去老师的任何指示，不参与任何活动。当全班小朋友跟着老师跳舞和做游戏时，他就在一旁的角落里一个人踩垃圾桶脚踏板，并且丝毫不受其他人或物的影响。最初，我尝试让他回到老师面前坐下，但是他开始大声哭泣。最后实在没办法，我只能站在他旁边，默默地看着他开心地踩垃圾桶。那一刻我感悟到，每个孩子都是不同的，有喜欢跟着老师唱歌跳舞的孩子，也有喜欢在角落踩垃圾桶的孩子。我应该为这个喜欢踩垃圾桶脚踏板的儿子找一个适合他的学习环境。

第二，有些老师让我感觉不到对孩子的爱。在一次英文字母学习中，老师教孩子们学习英文字母 M。孩子们围绕着老师坐成一个半圆形，"M，M，Monkey！"老师一边在中间朗读，一边从背后拿出一只玩偶小猴子。平时对老师讲的内容毫无兴趣的儿子，突然之间对老师手中的那只玩偶猴子产生了兴趣，飞快地爬向老师，并且伸手想摸摸那只毛茸茸的小猴子。在他的小手即将摸到玩偶猴子时，老师突然把手背到身后，藏起那只玩偶猴子，同时用另一只手推开他，示意他坐回去，并且说："No！"那一刻，毫不夸张地说我是心痛的。一个一岁半的孩子只是对老师手中的玩偶猴子感兴趣，走都走不稳，爬到他身边伸出手想摸一摸，但却遭到了无情的拒绝。

第三，课程设置不符合孩子的能力。当时儿子一岁半，班里孩子们年纪主要集中在一至两岁，但亲子课上老师已经开始为孩子们讲授英文字母了。老师每节课会教一至两个英文字母，比如英文字母 M，孩子们一边看，一边跟读"M、M、M"。稍微做一点儿功课的家长都会知道，不要说在上海的英语非母语的小孩儿，即使是英语母语的小孩儿，也要到三岁左右才能认出英文字母表中的字母，并开始将字母与其发音联系起来。

不排除有些孩子对英文字母的认知比较早，但是对一岁半的宝宝来说，学习英文字母是不太合理的。

后来，我为儿子选择的这家小而美的蒙特梭利幼儿园，老师甚至不主张孩子过早学习英文字母，主班老师曾亲自跟我说："孩子死记硬背每一个英文字母的样子和发音，在某种程度上会限制孩子的想象力。"

在香港，我最喜欢上的一家亲子课学校叫 Babysteps，它并不是一家名校，只是家门口楼下的一家教学机构，但是我当时非常喜欢带着孩子去上亲子课。主要是因为它的课程和活动设置完全符合对应年龄段孩子的需要，比如，孩子不到一岁时我带着他参加运动课，训练孩子的大动作、精细动作、协调性等；在音乐课上，通过欣赏音乐，促进孩子对音频、声音的识别；在基础课中，老师利用可食用材料进行感官游戏和杂乱游戏来培养宝宝的好奇心。

虽然我是一位懒妈妈，没有系统研究过幼儿早期教育，但凭借自己的基本常识，大概可以分辨出什么样的活动更适合什么年龄段的孩子。针对学习英文字母的事稍作研究后，再次证明上海这家学校课程设置不专业。

第四，学校后台管理系统混乱。我在申请该校时，在爸爸和妈妈的信息里分别填写了我和小咖球的邮箱，但后来发现，我们俩经常分别收到邮件。其他学校都是设立一位主要联系人，或者同时联系爸爸和妈妈，但是这家学校经常给小咖球发一封邮件，然后给我发一封内容完全不一样的邮件。这些邮件中所使用的沟通语言也很混乱，有的是英文，有的是中文，毫无规律可循。

在最终选择了小而美的蒙式园后，很偶然地得知之前那家名校幼儿园还开设有周末兴趣班，因为之前预交了一些学费，我想着就带孩子上上看吧。我看中了"课程甲"，通过电话咨询，负责人员告之课程甲分为两个年龄段，上课时间不同，并说会通过微信的方式把课程安排发给我。等我打开微信，发现收到的是课程乙的安排。我立马表示咨询的是课程甲，之后对方又给我发了不符合我孩子年龄的课程甲的安排。我再次说明情况后，最终拿到了适龄的课程甲的安排，打开一看，中英文的介绍材料中课程名字拼写都写错了。

管理系统混乱，增加家长沟通难度是小事，最主要的是照顾宝宝，尤其是幼龄小的宝宝需要的那份细致会不会大打折扣。如果一所学校连后台管理都错误百出，我如何相信他们有能力细心照顾我两岁的孩子呢？

第五，教职员工更换频繁。上了几期亲子课，基本每期遇到的老师都不一样，孩子要在适应完这组老师后，过两周继续适应下一组老师。尤其在小宝宝的教育中，固定的老师很重要。

第六，功利心强。该学校是营利机构，在提供优质教育的同时追求盈利是很正常。但是在和学校老师的沟通中，很少能感受到他们真的在乎孩子，尤其是管理层。我在跟学校校长面试时，因为初为人母，孩子又这么小，提出了很多细节的问题，比如，孩子因为离开家长而焦虑怎么办，午休睡不好怎么办，不能自主进食怎么办等。我理解这些是常见问题，校长可能被家长问了成百上千遍，但是，校长几乎完全回避了我的问题。相反，校长在面试时一直反复强调学费的事宜，包括多少钱，何时应该支付学费等。

当我发现这些问题后我是迷茫的。如此有名的一家幼儿园，甚至其名气已经传到了香港，但是亲自接触下来我却犹豫了。我把接到录取的消息和我的犹豫同时传达给了小咖球，我们两个人第一次坐下来，认真地聊了聊两个人对幼儿园的"核心需求"。开心的是，我们很容易便达成一致，我们在为孩子选择幼儿园时最看重的一是安全、健康、有爱的环境，二是我们认同的办学理念。

这家沪上知名幼儿园让我感觉完全不符合我们家的"核心需求"，是时候放弃所谓的名气了。正当我准备重新开始选择幼儿园时，或许是命运的安排，在一次聚会中当我把我的想法阐述给一位已经有三个孩子的妈妈朋友后，她在表示认同的同时为我推荐了一家幼儿园。

她说："几年前我为老三选择幼儿园时最注重卫生情况，当年走访了这么多家幼儿园，只有这家幼儿园在卫生条件上最符合我的标准。"

在听到她的推荐后，我主动联系学校，进行了在上海的第一次探校。何其幸运，这也是我在做决定前的唯一一次探校。我跟校长聊完、参观完校园、跟主班老师沟通后，当即就跟校长说："我太喜欢你们这里了，我会尝试说服我爱人。"

我对这所学校的喜爱原因如下：

第一，正如我朋友所讲，卫生条件确实非常好。学校访客在进入校门时需要换上鞋套；每个教室进门处都有紫外线消毒；学校有自己的厨房，可以为有需要的孩子调整食谱；校园有单独的后门，为身体不舒服或者发烧的小朋友使用，避免交叉感染。我虽然没有洁癖，但良好的卫生条件是小朋友们健康的保证，同时这背后代表着办学者的细心程度，让我有理由相信，这是一家安全、健康的学校。

第二，参观当天见到了主班老师，一位非常温柔、细心的女士，她带领我参观了教室。对教育并没有特殊研究的我，当时完全不知道什么是蒙特梭利，一进教室，发现里面充满了蒙特梭利特色的教具，孩子虽然不在现场，但我已经可以想象到他会被这些玩具所吸引。主班老师说，IC（Infant Community）班每周最多只能招收一位新生，因为新入学的小宝宝需要得到老师们充分的注意力和照顾，只有在新入学的宝宝适应班级后，他们才会考虑为班级继续增加新生。这样的招生规则让我充分感知到学校是真的在意孩子们的感受，感知这个环境是有爱的。

在我儿子入学后，有无数件小事都再次证明了老师的细心和关爱。有一次，孩子在早晨上学前撞到了床角，我没有检查就直接送他去学校了，儿子刚进学校没多久，我就接到了主班老师的电话。

"孩子身后青了一大块儿，我刚为他涂了药，但还是很担心，想问问这是怎么回事？"

我通过她的电话才知道当天早上儿子撞得很严重，我这个心大的妈妈自己都没有发现。

还有一次，冬天换季，儿子嘴唇脱皮，老师跟我说已经给孩子涂了一些食用油，并且建议我买一支幼儿润唇膏。

懒惰的我当即回复："润唇膏？涂油不就可以了吗？"

老师过了十分钟给我打电话："我咨询了医务室医生，涂油没有问题，但是孩子有可能会误食，可能会导致胃胀气。"

我听完之后立即给儿子买了儿童唇膏。诸如此类的小例子数不胜数，后来我跟主班老师说："我这种粗心又大条的妈妈，太幸运能遇到您这么细心的老师。"

第三，我跟校长两个人聊了一个小时，从我的成长经历到我的教育观，从她自己两个孩子的成长历程到她开设这家学校的理念，我惊喜地发现我很认同她的教育观。这位校长在孩子入学后的各种学校活动中多次表示，她相信"长期主义"和"利他主义"。这两个词，在当今社会下大声呐喊出来你或许觉得有些假大空，甚至会质疑她是否真的可以做到。但是，不管她是否能做到，一个能想到和能说出该理念的人，在如今就已经很难得。我想让自己的孩子在这种"长期主义"和"利他主义"

的世界观中成长。

第四，学校充满自信。学校会不定期安排访校时间，甚至可以让家长在孩子午睡时到学校参观。学校的满满信心，让我这样的家长放下了一颗悬着的心。

回家后，我把这所学校的情况转述给小咖球，并坚持为小咖球预约了第二天下午去访校。第二天，我和小咖球带着儿子再次来到学校，这次由于预约的时间很紧急，校长本人没能像第一次那样花那么多时间跟小咖球坐下来谈，只是由班级老师带着我们参观教室。刚一进教室，儿子立马开始玩起了里面的玩具，他这里摸摸那里碰碰，探索得好开心。让我想到了之前在亲子课里一会儿去玩门把手、一会儿去踩垃圾桶的他。我对教育模式毫无研究，但在当下我突然觉得，蒙特梭利教学模式对我的孩子来讲真的太适合了。当小咖球的拜访结束时，儿子还在玩一个开锁的玩具不肯离去，我基本是把小朋友拖出学校的。回家的路上，小咖球跟我说，不用选了，就这家学校吧。

我非常满意这家幼儿园，孩子就读期间也曾有各种各样的事情发生，但是每一次学校的处理方式都让我觉得十分满意。不过，我并不认为一所学校适合所有的孩子，我也曾介绍另一位朋友的孩子来这里就读，但是她在访校后并没有申请。

每个人都有自己不同的择校逻辑和家庭需求，只要坚持有逻辑且能自洽的选择，我相信结果都不会太差，同时家长也不会因自己的选择而事后感到后悔或者犹豫。今天，每当大家谈起学校时，我依然会自豪地说出我孩子上的幼儿园名字，面对朋友们的疑问和不解，面对他们口中的名校，我丝毫不会焦虑，并且很骄傲我为我的孩子选择了一个满意的成长环境。

我认识一位朋友，这里暂且称呼他为"奥赛甲"，奥赛甲从小参加无数次奥赛，并获得很多奖牌，最终被保送到全国最好的学府。毕业后，他在业内知名公司上班，之后自己又创业，年纪轻轻已经事业成功，并且实现了财富自由。

在一次饭局上，他很坚决地表示："我的孩子只能上公立学校，也要走奥赛这条路。"

"哦？"我问他原因。

他说："我自己蹚过这条路啊，知道走得通。我是践行中国教育的成功案例，也是这条教育路线的既得利益者，我肯定想让我的孩子复制我自己走过的路啊。"

无独有偶，席间另一位在座者，这里称他为"奥赛乙"吧，奥赛乙是奥赛甲的同行，成长背景相似，也是从小参加奥赛并获得很多奖项，并被保送全国最好的学府，毕业后去美国深造并在纽约一家知名机构就职。几年前他回国创业，同样获得了成功。奥赛乙的孩子年龄比较大，一直在放养。

奥赛乙说："我希望我的孩子跟我尝试完全不一样的成长路径，我不需要他事业有成，更不需要他赚钱，他做他想做的就好。"

奥赛甲的孩子在一所国内著名的公立学校上学，目前在学习数学竞赛。奥赛乙的孩子在深圳一家国际学校就读，并未听说有什么特长。

根据观察，周围朋友们对孩子的教育方式选择我发现主要有两大类：第一类是复制成功模式。这个成功模式可以是自己的、可以是朋友的、可以是朋友孩子的，甚至是名人的。比如奥赛甲，走的是奥赛获奖、清华北大之路，成功了，他便想让孩子复制自己的道路。听闻加州不少妈妈试图复制谷爱凌的成长道路，他们按照谷爱凌妈妈的教育方式教育自己的孩子，甚至复制学习谷爱凌每日的时间表。而另一类则完全相反，他们选择颠覆自己的成长方式。比如奥赛乙，完全不想让自己的孩子复制自己走过的路，虽然这条路在外人看来已经很成功了。再比如，我认识不少名校的家长，其中一对夫妻，先生本科毕业于哈佛大学，太太本科毕业于麻省理工学院，现在完全放养孩子，丝毫没有让孩子"爬藤"的打算。

这种对某种教育方式的复制或者颠覆，其实是家长对这种教育方式的认同或者否定，非常主观。这再次验证了我的思考，任何教育决策，任何微小的决定，都因为每个人"三观"的不同而不同，非常私人化，且又很难说对或错。

去年，在香港的一次聚会中，小咖球的一位朋友安娜的小孩儿拿着橙汁溜达到我身边，他大约十来岁的模样，却拥有一副小大人的神态。他可能看我一个人站在角落有点儿孤单，便主动走到我跟前，大方地介绍自己。

"我叫路克！"

"你好啊，路克。"

"我是安娜的儿子。"他用手指了指她妈妈的背影。

"我知道。"

"你是怎么知道的？"

我笑眯眯地回答："我看到你跟你爸爸妈妈一起进来的呀。"

一阵寒暄之后，他突然张口问了我一个问题："阿姨，你喝过自己的尿吗？"

"哈？"我愣住了，思维瞬间断线，然后又迅速地想是不是我听错了？

"阿姨，"他一字一句、无比清晰地又问了一次："你喝过自己的尿吗？"

"我？"我用手指指自己，"我、我没有诶。"我以为这是一个什么脑筋急转弯或者猜谜题，只能小心翼翼地回答。

"我喝过。"他像抢答一样地说。

"你喝过自己的尿？"我哭笑不得，完全无法相信自己的耳朵。

他说得很认真，丝毫没有开玩笑的语气："是的，我喝过自己的尿。"

我眼睛顿时睁大，身体弓成虾的样子，开始认真地审视着眼前的这个小男孩儿，问道："你为什么要喝自己的尿？"

"我看到一种说法，人在无法获得水源时，比如在荒岛或者紧急情况下可以通过喝尿，在一定程度上保持体内血容量，延缓脱水症状出现的时间。"他一本正经地说，像在讨论一个学术问题："但是只能喝一两次救急，不能多喝，多喝也有问题。"

这倒是引起了我的好奇心："那多喝了会有什么问题？"

"尿液中的盐分和矿物质比海水还要多，喝多了反而会加速身体脱水，使你更渴。尿液里面的代谢物重新回到体内，会对肾脏造成极大的压力。"

"那你为什么要喝自己的尿？"

"我看了以后就在想，尿到底能不能喝得下去，我想亲自试试。"

"然后你就喝了自己的尿？"我还是有点儿不敢相信。

"是的。"

这时，路克的妈妈安娜走了过来，我立即跟安娜说："终于见到传说中你的儿子了！你知道你儿子喝过自己的尿吗？"

"哈哈，他又在跟别人讲这个故事了。我当然知道，他刚喝完自己的尿，就跑来跟我说了。"安娜哈哈大笑，一边摸着孩子的头，一边慈爱地笑着。

　　安娜的儿子之所以有名，是因为他是我朋友中第一个完全在家 homeschool 的孩子。几年前，路克一家居住在加拿大，他还像其他小朋友一样每天背着书包去学校上学。有一段时间，学校因为教职工游行经常停课。安娜就开始在家为路克进行 homeschool（家庭学校），打算等学校彻底复课后再让儿子回去上学。结果没想到，路克爱上了这种 homeschool 的学习方式。安娜也觉得，儿子在家上课这段时间不但学到了更多知识，也更开心。等到学校彻底恢复上课后，路克再也没有回到学校，他开始了真正的 homeschool 生涯。由安娜为他安排每周、每个月、每学期的上课计划，为他找老师、找辅导班、找共同学习小组等。后来，他们一家因为安娜先生工作的原因搬到了香港，来香港之后他们依然坚持践行 homeschool。

　　"homeschool 怎么样啊？"第一次看到安娜儿子，我还是颇有些好奇，这些 homeschool 的小孩儿到底如何。

　　"路克很喜欢，我也觉得不错，就是比较费妈。"安娜笑笑说。

　　"费妈？怎么讲？"

　　"学什么、去哪学、跟谁学、怎么学、什么时候学都是我来安排，我现在全职研究我们家路克 homeschool 的事情。"安娜原来是金融从业人员，优秀独立的女白领，她继续打趣地说，"我给路克做课表，比上班的时候给客户写招标书都用心。"

"其实，我一直有一个关于 homeschool 的问题。"我说。

"什么问题?"我相信，安娜已经被身边所有的朋友来来回回问过很多关于 homeschool 的问题了，她现在是我们心中的 homeschool 专家。

"我认为，孩子上学，不只是单纯为了学习知识，学校也是一个小型社会，可以学习社交、与人相处。比如，如何跟自己不喜欢的同学相处、如果团队合作、如何培养领导力等。我感觉孩子还是需要跟同龄人交流、沟通、做朋友，像路克这样天天在家 Homeschool，接触不到其他孩子，是不是也不太好啊?"当我很多年前第一次听到 homeschool 这个词时，就已经产生了这个疑问，我终于有机会提出心中的质疑。

"我想，你误会了。"安娜认真地说，"Homeschool 并不是每节课都由路克自己上。他现在有时在线上跟国外的小朋友一起上课;有时我们会组织几个在香港 homeschool 的小朋友一起请私教上课;他也会参加普通小朋友上的课外班、补习班。另外，平时 homeschool 的小朋友们也有自己的群体，他们会在一起玩。"

"这么看来路克跟同龄小朋友的接触不少啊!"我感慨道。

"是的，我们其实非常注重社交，在路克的日程表里，我都会留出大量时间，让他和别的小朋友玩，我们也经常参加家庭学校合作社的活动。"

"家庭学校合作社是什么?"

"家庭学校合作社就是像我们这种在家教育孩子的家庭组

成的合作社。孩子们经常一起上课、一起玩，还组织一起去企业考察。我们加入的一家香港本地合作社，还为 homeschool 的孩子们举办舞会和毕业典礼活动，特别周到。我们还加入了网上的合作社，家长和孩子可以在网页、论坛、聊天群等平台里聊天、讨论话题、分享信息。我们加入的一家合作社很厉害，它有类似大学使用的学习管理系统，可以在上面直接上线上课。"

"哇!"我不禁感慨道，"现在 homeschool 都这么完善了。"

"你的想法很有道理，孩子需要接触同龄人。但是，homeschool 的孩子跟在学校上课的孩子一样，有自己相对固定的同龄人圈子，不会牺牲社交。"

路克是我知道的第一个 homeschool 的小孩儿，他聪明伶俐、古灵精怪，我感觉他比同龄孩子更有活力，性格也更外向。可能由于安娜经常带他参加成年人的活动，路克非常善于跟这些"大朋友"打交道。后来，我又慢慢听说，在新冠肺炎疫情期间，又有其他朋友的孩子开始 homeschool，似乎这个群体在我周围逐渐地扩大。

Homeschool，也被称为 home education（家庭教育）或 elective home education（EHE，选择性家庭教育），是学龄儿童在家里或学校以外的地方进行的教育。通常，homeschool 的家庭由家

173

长、私教，或在线老师进行指导，他们使用学校中并不常见、不太正式、更个性化的学习方法。

在实行义务教育之前，世界各地大多数的儿童教育是由家庭和当地社区完成的。到 19 世纪初，去学校上学成为发达国家最常见的教育方式。20 世纪中后期，开始有越来越多的家长质疑孩子在学校学习的效率和可持续性，homeschool 的人数开始增加，特别是在欧美国家。如今，homeschool 是一种相对普遍的教育形式，在许多国家都是学校教育的合法替代方案。大家普遍认为，互联网的兴起和发展，让普通家庭能够非常方便地获取教育信息，无形间促进了 homeschool 的发展。

美国国家家庭教育研究所（NHERI）的数据显示，2020—2021 学年，美国有 370 万名在家接受教育的学生。该研究所的数据还显示，从 2022 年 3 月下旬到 2022 年 5 月初，所有学龄儿童中有 5.22% 在家接受教育。选择在家接受教育时，每个家庭都有不同的理由。2019 年，美国国家教育统计中心（NCES）统计了 homeschool 的父母选择在家教育的原因，按百分比排序如下：

（1）80.3% 的家长选择是出于对学校环境的担忧。例如，安全、暴力或同学间的负面影响。

很多家庭选择 homeschool，是为了保护儿童免受身体和情感暴力、欺凌、排斥、压力、过度表现思想、过度社会化或在学校受负面同学的影响。Homeschool 的孩子们不会被学校事务干扰或分心。例如，有些孩子更喜欢在家学习，或者可以更有效地在家学习，他们不会因为学校里的各种安排而分心或受影响，他们可以花几个小时不受干扰地进行同一项活动。

（2）74.7% 的家长选择是出于希望为孩子提供道德指导。

这从侧面表明，大部分家长认为，当今的学校教育中缺乏道德教育，或者说道德教育还不够多。

（3）74.6% 的家长选择是出于重视家庭生活。

这个不难理解，现在我的孩子刚上幼儿园，每天已经是早出晚归，他的空暇时间基本都是傍晚和晚餐时间。由于孩子睡得早，所以一天算下来能陪伴他的时间很少。在家上学的孩子确实可以得到更多的家庭陪伴。

（4）72.6% 的家长选择是出于对学校提供的教学不满。

家长可能对学校开设的科目、教学进度、教学方式等各个方面不满意。

（5）58.9% 的家长选择是出于希望为孩子提供宗教指导。

一些家长不认同学校具有的世俗性质，homeschool 能给孩子提供宗教教育。在这些家庭中，使用宗教课程比较常见。

（6）54.2% 的家长选择是出于希望为孩子提供非传统的教育方式。

越来越多的家长开始质疑传统教育方式。比如，一些家长认为，他们比老师更了解自己的孩子，并且可以完全专注于自己孩子的教育，相比学校老师一对多的教育，homeschool 的家长可以更准确地应对孩子的优势和劣势。再如，有些家长认为，在家教学可以更好地安排孩子的教育内容和方式，更充分地迎合孩子的个性和能力，使学习更有效率，从而让孩子有更多的时间用在活动、社交和非学术学习上。

（7）34.8%的家长选择是出于其他原因。

例如，生活在偏远农村地区的家庭、暂时出国的家庭、经常旅行的家庭，都面临着送孩子上学的实际困难，在家上学可以满足这些家庭的需求。

（8）23.1%的家长选择是出于孩子有其他特殊需求。

比如，许多年轻运动员、演员和音乐家选择在家接受教育，这样更便于适应他们的训练和练习时间表。

（9）15.6%的家长选择是出于孩子有身体或心理健康问题。

一些儿童因为健康问题，无法定期上学，只能在家接受教育或接受远程教育。

（10）2.8%的家长选择是出于孩子有临时疾病。

这个不难理解，在新冠肺炎疫情期间，各国在家上学的学生人数呈指数级增长。

值得注意的是，homeschool并不是在所有国家都合法。家庭教育最盛行的国家包括澳大利亚、加拿大、新西兰、英国和美国。一些国家制定了严格监管的家庭教育计划，作为义务教育系统的延伸；也有一些国家，例如德国，将家庭教育完全取缔，禁止孩子在家上学。在中国，没有直接相关法律规定

homeschool 的合法性，但是根据《中华人民共和国义务教育法》规定："凡年满 6 周岁的儿童，其父母或者其他法定监护人应当送其入学接受并完成义务教育。"但《中华人民共和国义务教育法》第十四条中"自行实施义务教育的，应当经县级人民政府教育行政部门批准"的规定，又给予了"在家上学"一定的法律空间。值得注意的是，目前教育部只是表态称不得擅自在家学习，但是对于家长执意让孩子离开学校并在家接受教育的行为，并没有明确说明要介入制止或采取法律手段。

当意识到有这么多家庭选择 homeschool 时，刚开始我不禁会担忧这些小孩儿能不能被传统教育体系认可，或者换句话说，这些小孩儿能在 homeschool 后继续接受高等教育吗？在做了一些研究后我发现完全多虑了。在 homeschool 合法的国家，以美国为例，例如，麻省理工学院、哈佛大学等知名高等学府，在其招生页面里都有专门针对 hoemschool 学生申请的指引。以哈佛大学为例，在招生页面上专门有一个链接解答"如果我在家上学怎么办？"哈佛大学的答案是哈佛大学的每位申请者都会得到非常仔细地考虑，在家接受教育的申请者将受到与所有其他申请者相同的待遇。在家接受教育的申请者没有特殊的流程，但欢迎提供关于您的教育和个人背景的所有相关信息。除此之外，所有申请者必须提交成绩单（可以由家庭成员或监督您学业的机构创建）和推荐信。

我浏览了一些美国大学的招生网页，大部分大学都会要求 homeschool 的学生提供成绩单（可以由家庭成员、监督其学业的个人或机构创建）。除此之外，很多学校（例如，普林斯顿大学、斯坦福大学）要求或建议 homeschool 申请人提交"对使用教材、评分标准的细致介绍""课堂作业"等材料。另外，很多学校在其网上推荐 homeschool 申请者额外提交 SAT 单项科目考试成绩来证明学习能力。比如，有一所学校要求申请者单独考试数学、科学、外语、历史、文学五科。

Homeschool 的小孩儿学术成绩会更好吗？这是很多人关心的一个问题。通过美国这些年一些标准化成绩测试可观测到，homeschool 群体倾向得到更高的成绩。但是，这不能说明这个群体的平均水平。因为在家上学的"不可视性"，可能很多 homeschool 的孩子并未参加这些标准化测试，所以这一群体的平均学习能力无法被公正地测评。

支持 homeschool 的家庭可以阐述出各种各样的理由，但社会上反对 homeschool 的声音也不小。homeschool 的批评者认为：（1）孩子们可能缺乏足够的社交能力，因此社交技能较差，并不是所有的家庭都像安娜一样，为了孩子的社交绞尽脑汁；（2）父母可能在指导孩子学术、社会化教育等方面有所欠缺；（3）如果孩子不上学，他们可能没有途径遇到其他文化、世界观和社会经济群体的人；（4）如果没有规定教育标准，在家上学无法保证全面和中立的教育。

由于 homeschool，尤其是在孩子比较小的时候，是由父母全权为孩子选择课程、老师、活动、朋友和接触的人群，所以父母的价值观充斥了 homeschool 的全部过程，而这就是最大的风险。哈佛大学法学院教授伊丽莎白·巴索莱特说:"孩子们可能没有机会自己选择是否退出这些意识形态群体;社会可能没有机会教导他们社会生存中一些重要的价值观,例如,容忍他人的观点和价值观;另外,实际上没有办法了解这些孩子们的平时表现,因为由于缺乏监管,在家上学的人并不作为一个可见的群体存在。"

　　由此可见,择校真的是门难题。可以择这所,可以择那所,还可以什么都不择。不过,当你为择校所困时,不要焦虑。相反,你应该感到庆幸,至少你还拥有选择权,这已经可以引来一大批家长的羡慕了。

第 **8** 章

最好的养育，
是和孩子共同成长

其实，生活中那些让我们觉得兴奋的东西，大多数都是欲望。也许，学会善用欲望、控制欲望，才是我们应该学习的重点，不光是需要教给孩子，也要教给我们自己。

比起身边诸多高呼呐喊要鸡娃的父母，我孩子的父亲小咖球可就没那么直接了。我相信，甚至连他自己内心深处可能都不知道，他也许是一位望子成龙的父亲。

　　在家中，我们有时会讨论教育观，小咖球永远说的都是这么几句："孩子开心、健康最重要""聪明的孩子不用鸡""学校不能决定孩子的未来"等，充分体现了他是一位不鸡娃、快乐教育、开心最重要、上不上名校都无所谓的慈父，甚至他在表达的时候显得比我更加豁达、更加开明。有时候，我在外面跟鸡娃的妈妈朋友们聊多了以后回家也会焦虑，每次都是他开导我、化解我，让我又恢复一颗坚持躺平的心。

　　前一阵，他的一位晚辈亲戚考上了美国最好的寄宿中学之一，东部一所非常有名的学校。那阵子，他在外面社交应酬时每每都会提起。虽然只是亲戚，还不是自己的孩子，但每次提起时那种自豪的语气，尤其被别人夸奖后那一抹开心的微笑，我都能感受到他的那份喜悦。

　　有一次，小咖球带我出去跟他的朋友们吃饭，正好约在香港一家我很喜欢的中餐厅里，当天因为组织者认识老板，为我们准备了不少隐藏菜式。我全场吃得不亦乐乎，两只耳朵竖起来听着餐桌上的交谈，但是嘴巴实在太忙，没空参与任何讨论，光顾着一口接一口地品尝美食。其中有一道"油烫鸽"甚是好吃，每位客人都分到一只鸽腿肉，我直接用手拿起鸽腿就往嘴里塞。哇，皮脆肉嫩，汁水异常丰富，鸽肉在被腌制后味道浓郁。正当我拿着鸽腿啃时，不知道餐桌上的话题什么时候聊到了学校。

"咱们老刘可是哥伦比亚大学毕业的诶，你们不知道吧。"在座不知道哪位，突然说起组织者刘总的学校。

"诶呀，不敢当不敢当，当年也是瞎混。"刘总在一旁谦虚地附和着。

"怎么是瞎混啊，听说你在学校时还拿了奖学金呢。"

"多少年前的事情了。"刘总一直以低调著称，看来他是好汉不提当年勇，我一边啃着鸽子腿，一边想。

"小段也是哥伦比亚大学毕业的。"小咖球看似不经意地接了一句。正在吃肉的我一时不知道该说什么，毕竟嘴被占得满满当当。

在座已经有善良的观众开始捧场："诶呀，小段也这么厉害，你是哪个系的啊？"

"数学系的。"小咖球看着我鼓鼓囊囊正在嚼鸽腿的腮帮子，直接替我回答了。

"小姑娘学数学的，这么厉害啊。"

我赶紧囫囵吞枣般咽下嘴里的食物："没有，只是研究生在哥大读的，不是本科。"

"研究生怎么了？哥大研究生也是很厉害的。"

感谢在座各位的善良，但是我实在无法接话，毕竟刚又往嘴里放进去一块儿鸽脯肉，口感又嫩又滑，我想多咀嚼两口。话题换来换去，大家还在讲学校的事情，服务员又端来一道新菜"花石炙鱼胶"，用肥厚的鱼胶模拟炸年糕的外形，我用筷子夹了一大块儿放入口中，最外面是一层薄薄酥脆，里面是满满的胶原蛋白，极其软糯黏牙。

我不知道小咖球和朋友聊到了哪里，只听见他说："我侄女很厉害，刚考上了美国的 X 私立学校。"

"厉害，那不是美国最好的私立高中之一吗？"善良的人们继续捧着场。

"就是那所。"学校名字被人所知，小咖球非常高兴，急忙补充一句："非常难进"。

"诶呀，你侄女很厉害啊。"

"还好还好。"小咖球谦虚羞涩地点了点头，但眼睛已经在微笑之下眯成了一条幸福的缝隙。

"这么厉害的学校，可不是一般小孩儿能上的，学习肯定很优秀。"

"还可以，我们家遗传数学好，我侄女是搞数学竞赛的……"小咖球开始谈起他侄女的各种学术成就，在座各位都听得非常认真。

不知道谁又插了一句："对了，刘总，你女儿是不是在普林斯顿大学读本科？"

"是的，不过她也就那样，"刘总朝着隔壁王总的方向抬了抬下巴，"还是老王的孩子厉害，今年斯坦福大学毕业了。"

小咖球惊讶地问："王总，你儿子在斯坦福呢？都没听你说过。"

"是啊，今年刚毕业了。"

"你们小孩儿都这么优秀啊。"小咖球打趣儿地说，"怎么着，你们是不是当初都给学校捐钱了？"

"捐钱？怎么可能？"没想到平时谦逊的刘总一下子急了，即使是开玩笑，也不能质疑他女儿自身的优秀，考入名校的基因，"我女儿！基因在这摆着呢！上个大学还用捐钱？你小子侮辱我吧，哈哈！"

"哈哈，我开玩笑呢。"小咖球呵呵傻笑起来。

"我知道你在开玩笑。"王总说，"我也没捐钱，真材实料，都是孩子凭自己真本事考上的。"

"厉害！"小咖球不禁感慨道："还是你们的基因厉害！"

"哈哈！"大家都笑了。

全桌继续对教育展开探讨：你孩子是怎么进名校的，我孩子对学什么感兴趣，他孩子某项比赛拿了什么奖。我因为牙齿被花胶黏住了，全场没有作声，只是饶有兴趣地打量着这些张总、王总、李总、赵总们。他们有人羡慕不已，巴不得考上学校的是自己的孩子；有人慷慨分享自己的育儿经验；还有人认真听别人讲解，恨不得立即叫老婆来做记录，明天就按着这套方案回家育儿。一群"中年成功男性"，平日里不是严肃且让人敬畏的商业形象，就是嘻嘻哈哈讲段子不着调的形象，但一聊起孩子上学，瞬间都拥有了认真、和蔼、父爱满满的光辉父亲形象。

晚上回家后，小咖球躺在床上，两眼望着天花板，突然自言自语地感慨："他们孩子都那么厉害啊！都是上的名校啊！不知道咱们儿子能不能考上这些学校！"每一句话末尾都拖着一个长长的"啊"字，生怕苍天听不到他的心声。

"哎呀，你别给咱们儿子太多压力。"我走到他身边来劝他。

小咖球话锋一转，眼睛从天花板转向我说："我没给他压力，他开心就好。"

"哈哈，又是这句话，开心就好。"我噗嗤一声笑了。

"真的，我不在意孩子上哪所学校。"小咖球睁大了双眼看着我。

"行吧，你说不在意就不在意吧。"我笑了笑，转身走了，留下小咖球继续躺在床上凝视天花板。

那一刻，我懂了。我懂了他其实是在意的。他以为自己潇洒不在意，但他的内心深处是在意的。他可能是无意识的，因为自己也不完全了解自己的内心；也有可能是有意识的，因为各种各样的原因，他愿意表达出不在意的感觉。

据我观察，生活中这样的家长数量远远大于敢于站出来宣称"我就要鸡娃"的家长。类似的故事也曾发生在我的同学查尔斯身上。

查尔斯是我就读专业那一届里最优秀的中国毕业生之一。他是物理奥林匹克竞赛获奖者，本科毕业于中国顶尖学府，在纽约研究生毕业后进入华尔街对冲基金工作，如今在纽约管理至少九位数美金以上的资产。

我在 2019 年回纽约时，跟查尔斯一起喝酒聊天，当时他初为人父，我打趣地问他："怎么样，纽约教育这么卷，你觉得你会是一位鸡娃的父亲吗？"

他眼睛微微眯起，一边摇头一边摆手："不会，不会，绝对不会！"

"两个原因，"他顿了顿，睁开了眼睛，认真地看着我，同时伸出两根手指，说，"第一，他再怎么学，在学术上也没法超越他爸爸我了！"

"哈哈哈哈！"我听完以后笑得人仰马翻，查尔斯看到我的反应似乎也有了一丝丝的不好意思。

"第二，"他换了换坐姿，继续说，"我从小城市，到北大，到哥大，到华尔街，一直都在被选择、被竞争，压力实在太大了。"

查尔斯停顿了一下，看着我，我一时也不知道该说什么。没想到我这位优秀的同学，纽约成功的基金经理会娓娓道来这样的一句话。但不知道为什么，我第一次觉得这位学霸同学似乎走下了神坛，变得更真实了。

他看我没什么反应，继续说："我不想他像我这样，我想让我的孩子过不一样的生活。"

这并不是我第一次听到，一路披荆斩棘过来的父母希望自己的孩子可以度过截然不同的、轻松的童年。

"我并不觉得我的工作对这个世界有什么积极的意义。"查尔斯继续喃喃自语。他对自己的成长路径，以及所从事的行业似乎产生了质疑。但我知道，他还是会继续在这个行业，他也表明：至少在看得见的未来他会继续努力。毕竟他的家人和孩子，还需要他这份事业所带来的丰厚经济回报。

"你肯定是让孩子上纽约私立学校了吧。"我几乎已经肯定答案，随意地聊着。

"也不一定。"查尔斯快速且坚定地说。

"哦？为什么？"轮到我不解了。

"一个小孩儿在纽约上私立，一年开销 20 万美金左右吧，我打算要三到四个孩子，一年就是 60 到 80 万美金。这还是税后，约等于税前 140 到 160 万美金的收入。"

"但……"我被数字之大震惊了，"但你现在挣得很多啊！"

"是很多，按照现在的收入每年支付这个数字没什么问题。但是我这个行业你也知道，风险大，哪年市场不好了，可能颗粒无收，甚至被一把洗干净。所以，我也不能完全不算。"

"也是。"我在心中想，还真是这么回事。

"还有，我还想把孩子送回中国读初级教育，"查尔斯继续说道，"我一直觉得中国的初级教育比美国的靠谱。"

"啊？"我又愣住了。我知道很多从中国初级教育走出来的学生或者说中国教育的受益者，一般都比较两极分化，一部分人非常不喜欢自己经历过的路径，而另一部分人则把中国的初级教育捧入神坛。"不是，你刚才不是说不鸡娃，不走你的老路吗？"我笑笑说，"怎么还想着让孩子回国内读书？"

查尔斯挠了挠头，自己也不好意思地笑了笑，没有接我的话。

有些人就像小咖球和查尔斯，可能确实还没想好应该让孩子接受何种教育方式，而有些人则让我想到了小时候开家长会，总会遇到同学的父母对我爸妈说"我家谁谁每天都不学习，没想到还是考得这么好"，我每次都会提醒我爸妈："别听那谁的父母瞎说，那谁每天可勤奋了。"

有不少亚裔父母时常在外表示："哦，我可不鸡娃"，但又在内心里忐忑不安，暗自较劲。这部分人一方面可能跟亚洲人更加谦虚低调的性格有关；另一方面，可能更害怕面对"努力后的失败"。他们认为，如果没有努力，失败了更合情合理。因此，他们会制造一个"没有努力过"的幻象，这个幻象不是演给别人看的，是演给自己看的，是为"未来成功的不确定性"提前找好台阶下。

在育儿这条路上，"言行是否一致"不一定有对错。一个人如何表达内心所想更多是心理学的范畴。如果我们可以先静下来、真实地了解自己的内心、正视自己的实际需求、先与自己和解、言行一致地践行自己的教育理念，这可能会让我们的孩子、伴侣，或者亲人感觉更加轻松一些。

叮咚。

12 月 31 日的傍晚，家中门铃响起，我一个箭步冲了过去，抢在阿姨之前打开门。刚才通过可视电话，已经看到是发小一家三口站在单元门口。十三年没见了，我想要第一时间看到她的样子，以及还没见过的她的老公和孩子的样子。

"好久不见！"门一打开，只见发小已经张开双臂要给我一个大大的拥抱。她还是老样子，一脸阳光灿烂的笑容，露出两排洁白的牙齿，嘴角扬到了耳根。

我拥抱住她："太久没见了，你们一路过来辛苦了！"

发小平时常驻温哥华，最近趁着圣诞假期跟老公一起回国探亲，今天特地从南京赶到上海，一下高铁就直奔我家。

"快，叫阿姨！"发小晃了晃手里拉着的孩子的小手。

"这是你儿子呀！看了三年照片，终于见到了！"我笑眯眯地看着眼前这个男孩儿，和我儿子年龄差不多大，个头好像略微高一些。

孩子羞涩地睁着大眼睛，望着我，这双毛茸茸的大眼睛长得跟我发小一模一样。

"孩子真像你！"他们脱鞋时，我在一旁感慨道。

"这是我老公。"发小指了指身后拎着大包小包水果和礼物的男人。

"终于见到你了，老听她讲起你。"我激动得都不知道该不该与其握手。握吧，显得太正式、太生分；不握吧，会不会没有礼貌。想着想着，他们三个人都已经进门了。

"嚯，你收拾得不错啊。"发小指着玄关处的一瓶大型红色年宵花说。

"这不是为了今晚的跨年晚餐嘛，邀请了这么多人，我就折腾了折腾。"为了今晚，我特地提前两天去花市买好花材，亲手为全家插满了红色主题的年宵花。

我还请了上海一家有名的寿司店师傅上门做到会。下午不到 5 点，主厨就带着一位助手，还有两位服务人员，拎着数箱食材和餐具来到我家，开始提前做准备。此时，两位厨师正在厨房处理食材，服务员开始在餐桌上摆盘，他们不但带了各式形状图案的手绘陶瓷小碟、小碗，还有放寿司的木板，甚至连装清酒的酒杯酒壶、喝香槟红酒的专业酒杯都带来了，非常细心。

发小第一次来家里，绕着屋子参观。走到客厅，看见餐桌上刚刚放好的精美摆盘说："嚯，搞得这么隆重，今晚邀请了多少人？"

"除了你们和我大学同学一家，小咖球还邀请了一位他的男性朋友，平时常驻新加坡，最近正好在上海，跨年夜一个人也没意思，小咖球就邀请他一起参加咱们的晚餐。"

叮咚。

我打开门一看，此人正是小咖球的朋友米高。他拎着一瓶香槟、一瓶红葡萄酒和一瓶白葡萄酒，一进门，看到屋子里的孩子愣了一下。

"没见过这么多孩子吧?"我有点儿不好意思,已婚无娃的中年男士看到这鸡飞狗跳的日常,一定不适应。

"没有,这种场面经常见。"米高笑嘻嘻地回复。

我有点儿意外:"哦,是吗?"

"我经常帮我姐带她的三个孩子。"

"诶哟,看不出来啊,你还有这样的一面。"

"哈哈。"他不好意思地笑了,"先把香槟和白葡萄酒冰起来?"

"好嘞!"我接过香槟,走到餐桌旁将其放进香槟桶里。

叮咚。

正当我为屋子里的各位做介绍时,门铃再次响起。我赶忙打开门,首先映入眼帘的是五颜六色的气球。定睛一看,三个英文字母气球组成的"NEW"字正好飘在我眼前。

"我们带来了气球。"未见其人,先闻其声,先见其气球,大学同学的声音从众多气球后传来:"我们还拿了很多孩子们戴的,会发光的跨年眼镜、头饰什么的。"

我的大学同学一家带了差不多二十多个气球,他和太太分两趟从电梯里运了上来。其中的英文字母气球组成了"Happy New Year",每一只字母气球都有我半个人高,除此之外,还有大大小小、五颜六色、各式各样的气球。我儿子眼疾手快地看到一个小汽车式气球,立刻抓住该气球的绳子,第一时间拿着跑走了。

"诶，你怎么不跟叔叔阿姨和你的朋友们打招呼？"我冲着儿子说，他像完全没听见似的，拿着气球一溜烟儿不知道跑到哪个房间去了。

我把这一大堆气球拿进门，终于看到大学同学带着他太太还有两个孩子风尘仆仆地站在门口。十几年前大学同学毕业离开校园后，去到美国湾区工作、结婚、生子，几年前搬回上海创业，并且跟太太在上海生了老二，老二跟我儿子年龄相仿。我们两家也因此走动比较多，经常一起遛娃。

所有的客人都到齐了，他们围坐在客厅相互寒暄。我则需要去厨房检查一下厨师准备得如何，顺便冰镇一下晚上要喝的酒，再按照品尝顺序，香槟、白葡萄酒、红葡萄酒排成一列。其中有两瓶红酒，我在下午 4 点左右就已经打开瓶塞开始醒酒了。

"孩子们吃的食物准备好了吗？"我问主厨。

"差不多了。"

有了孩子之后，去餐厅也好、在家吃饭也罢，都要多一份心，想着有没有孩子能吃的菜。最初小咖球想在家里吃日料，爱吃寿司的我第一反应不是欢呼（按照以前肯定是欢呼），而是琢磨这家日料有没有孩子能吃的，热一点、熟一点的食物。我事先跟厨师沟通好，为大人们呈现平时店里的经典菜单，同时也为孩子们另外准备一些菜。

四个孩子同处一个空间，"噪音"太大了，叫喊声让人脑仁疼。原本为了制造气氛，还打开了音响播放音乐，我赶紧走出厨房关闭音响，不然音乐的声音、客人们的交谈声、孩子们的叫喊声、厨房里厨师和服务人员的声音混合在一起，太让人绝望了。

刚放下音响遥控器，一回头看见餐桌上摆放着一排无味蜡烛，原本怕蜡烛的香气会影响食物的味道和酒的香气，特地准备了无烟无味的蜡烛。但是，脑海里突然闪过一个想法：一群小朋友坐在餐桌旁，要是用手碰到、烫到了怎么办。我赶紧把八支蜡烛拿走，放到比较高的柜子上，这样他们就碰不到了。下午的时候，为了把这八支蜡烛的距离摆得均匀，我弯着腰调整了半天，结果也就摆了半个小时便被全部收走。我有点儿懊恼，下午怎么没想到这些安全隐患；但又有点儿庆幸，幸亏我现在想到了。

还好餐厅自带两个服务员上门，她们正在询问客人们喝蒸馏水还是气泡水，我这才想起来，从进门后还没问过大家喝点儿什么。算了，交给服务人员吧。

突然，"砰"的一声，不知道什么掉到了地上，从房间里传来儿子号啕大哭的声音。

"阿姨！"我一边叫阿姨，一边想到阿姨正在厨房帮忙，赶紧一个箭步奔向声音传来的方向。

"怎么回事啊?"我急忙蹲下,抱住这个小泪人,摸着他的头。

"他摔了我的车。"儿子一边掉眼泪,一边哽咽地说。

"他不给我玩。"发小同龄的儿子委屈得嘴角都撇了下去。另外两个孩子也有点儿被吓到,睁大眼睛望着他们,不敢出声。

"他抢我的车。"儿子断断续续地说,"是我的车。"

"我想玩。"发小儿子的眼泪也已经在眼睛里滴溜溜地打转了。

在3岁多的孩子们断断续续的语言里发现,原来发小的儿子想玩他的玩具车,他不给人家玩,两个孩子争来抢去车摔到了地上。我儿子看到自己的车被摔了,伤心得号啕大哭。

我赶紧捡起地上的玩具车,检查之后发现毫发无损,内心用1秒钟感慨了一下中国制造的小商品质量,马上继续对儿子说:"你看,你的小车车没有被摔坏呀。"

他突然停止了哭泣,睁开泪眼婆娑的眼睛看着自己的玩具车,一边委屈地抽泣着,一边把小车车抱在怀里。

"你看它没有坏,可以给弟弟玩一会儿吗?"我试图温柔地劝说他。

但他回答得很坚决:"不要!"

"只玩5分钟,可以吗?"看着发小儿子委屈的眼神,我再次尝试。

"不要!"

"不是说好玩具要分享吗?"

"不要!"

"那你先玩 5 分钟,等你不玩了,给弟弟玩可以吗?"

"好吧。"

我站起来,稍微松了一口气,但是家里这么多客人,实在没有办法盯着他玩 5 分钟后再交换。发小的儿子依然没玩到玩具车,反而开始低声哭泣起来。

我突然想到家里还有一辆类似的玩具车,好像放在收纳柜的上面。我赶紧搬来一个椅子,站上去,举着手在收纳柜上翻找。诶呀,太幸运了! 真有一辆一模一样但颜色不同的玩具车,我从凳子上跳下来,把这辆小车递给发小的孩子。

我正在为自己的机智感到欣慰时,儿子突然不玩那辆车了,直接放到一旁跑走了。此时,我的大脑,空白了几秒……

等我缓过神来,感觉肚子胀胀的,忙活了一下午都没时间上洗手间。我冲进洗手间,看到镜子里的自己,今天午后化得精致的妆容现在已经有些花了。冬天,家里开着地暖,加上跑这跑那、登高爬低,额头居然开始流汗,不过我也顾不上什么妆容了。

想起三年多前我怀孕的时候,那时候因为新冠肺炎疫情的原因,也请过师傅上门来家里做饭,有一次请的也是寿司师傅。由于那时候怀孕,只能吃用炙烤过的鱼做的寿司,当时我就在心里默念：等生完孩子以后，一定要再请一次同样的师傅，来家中再做一次，下一次一定要尝尝师傅正常情况下的手艺。结果从孩子出生到现在三年多了，一直都找不到合适的机会再在家中正式宴请。

家里客厅堆满了滑梯、秋千、纸房子、大大小小的汽车、火车轨道、赛车轨道、积木等玩具。一开始是每天晚上将玩具收纳起来，第二天白天再拿出来；到现在，因为玩具太多了，家中已经没有其他地方可以放得下，它们就一直摆在客厅里。

餐桌旁漂亮的金属水池，旁边永远放着卡通色的儿童紫外线消毒机。家里四处摆满了孩子在幼儿园做的手工，有他用手指乱涂的画、有他制作的各种奇怪的小装置，因为舍不得扔，又没地方放，便摆在家中的各色家具上。原本现代极简风格的家具和装修跟这些五颜六色的"艺术品"混搭了起来。

我一直耿耿于怀的是餐桌，上面常年放着孩子的奶粉，每天早晨吃的益生菌滴剂以及维生素补充剂。之前，每次朋友到访我家前我都会让阿姨把它们收起来，但是第二天，它们又会出现在漂亮的餐桌上，久而久之，我也就习惯了。

还有漂亮的沙发和地毯，被儿子拿蜡笔、彩笔、圆珠笔、印章等各种颜料涂过很多次，每次我跟阿姨都在半夜用尽全力清洁，但是总有抹不掉的痕迹。这里一条红色的印子、那里一片黄色的阴影，在家里灰白色的沙发和地毯上显得格外明显。

再抬头环视洗手间，这是家中一楼的客卫，也是孩子用的洗手间。浴池里放着孩子的洗澡盘、玩具、小凳子，水池旁边摆着孩子的儿童牙刷和牙膏，马桶旁边放着他的小马桶和坐便圈。马桶旁边并没有挂卫生纸，因为每次只要挂上卫生纸，儿子都会拉出很多纸来玩。于是，我干脆把卫生纸放到高处的台子上，导致客人去洗手间经常找不到卫生纸。再一转头看到纸篓里，是孩子刚刚换下来的尿不湿。

三年多过去了，我早就可以吃鱼生了，但很少再在家中招待朋友。除了简约有设计感的家变得充满生活气，孩子每晚9点上床睡觉，来家里的客人必须很小声说话，不然他听到大家谈话的声音会不想睡觉，或者睡不着。有那么一两次，我们试着让客人压低声音，但大人们也无法尽兴，从那之后索性就不在家中聚餐了。

其实，约朋友到外面餐厅聚餐也很开心，过去三年多我没少在外面吃饭。只是每次出门，我的心都悬着，因为只有阿姨在家陪他，他经常因为想爸爸妈妈而难过。有几次，因为晚上想我们而大哭不止，我们需要在晚餐中间跟他视频安抚他，索性有一段时间我就不太出门吃饭了。

在洗手间里听着外面一片嘈杂，孩子的喊声、大人的交谈声，不知道为什么令我想到了这些，想到了回不去的生活，也想到了现在拥有的生活。我承认，孩子是我这辈子最好的礼物，但是不知道为什么，我在洗手间里还是哭了，泪水默默地流了下来。

"不，我不能哭。"我在心中默念，不是因为要坚强什么的，不，你不能哭，哭了以后妆怎么办？还要补妆，多麻烦。还有那么多客人在客厅等你。你不能哭！我赶紧擦干眼泪，擤擤鼻涕，用手涂抹一下花了的妆，推开门。

"怎么样，朋友们？咱们是不是可以开饭啦？"我故意提高声音，脸上挂出一个有点儿假的微笑。

"Oh yeah，开饭喽！"孩子们迫不及待地奔向客厅，我看着他们由衷地开心，自己也开心地笑了，而这一个微笑，不是假笑。

十一个人紧凑地围着三米长的桌子，坐成一圈，留了一个位置给主厨处理菜品、捏寿司。大家入座后，服务员马上为每个人端上了一个精致的圆形小碟子。

主厨开始为大家介绍菜品："这道是淮山，搭配了我们自家腌制的爽甜冲绳苦瓜，请品尝。"

主厨话音刚落，小咖球起身举起香槟杯："咱们碰一个吧？祝大家新年快乐！"

"新年快乐！"祝福声此起彼伏，大家都举起了酒杯。

"我也要碰杯。"我儿子举起水杯，笑眯眯地说。

"爸爸跟你碰。"小咖球一边跟儿子干杯，一边摸着儿子的头。

"我还要跟妈妈碰一个！"

大家都笑起来，开心地看着他。

"好呀！"我愉快地跟儿子碰杯，"祝你新年快乐！"

"祝妈妈新年快乐！"他的眼睛笑成一条缝，还在学我说话。

"哎呦，瞧这孩子！"

接着服务员为我们每个人端上一个方形的小瓷碟，碟子四周有一圈漂亮的花纹，而且每个人碟子里的花纹都不一样，光看餐具就十分有趣。

"安康鱼肝。"主厨为大家介绍。

我用筷子夹了半块儿放入口中，细腻、鲜嫩、绵密，毫无腥味，搭配的酱汁清新不已，一口就让我沦陷了。我整理了一下思绪，端起酒杯。

"敬一下从温哥华远道而来的朋友！"我朝着发小举起了酒杯。

"多少年没见了？"她问道。

"十三年！"我脱口而出，"下午我自己算来着，十三年前，咱俩最后一次在温哥华见的。"

"认识二十多年了啊！"她开始感慨。

"是啊，时光飞逝。"我跟她一边碰杯，一边说："谢谢你，在遥远的温哥华还想着我，帮我搜集上海幼儿园的信息。"我转头看着小咖球，继续说，"小咖球，姐们儿人在温哥华，还关心咱们孩子申请幼儿园的事情。"

"哎，"发小有点儿不好意思，"你这个人大大咧咧的，上次问你，看你还没给孩子报名幼儿园，怕你错过了。"

"不过，上海真不用提前那么久。"我解释道。

"也是，因为温哥华好的幼儿园，孩子一出生就要报名。我怕你错过上海的幼儿园，就帮你看了看，结果上海确实不用提前那么久。"

"孩子一出生就报名？温哥华这么夸张？"小咖球问。

"是啊，温哥华太卷了。"发小的老公说。

"温哥华真的很卷。"发小叹了一口气，"周围的妈妈们每天跟上了发条似的，我特别亲近的一个朋友，孩子两岁的时候每周给孩子报八个班。"

"我的天！"我不禁感慨道。

发小无奈地说："温哥华真的是鸡娃的天花板。"

"哦，'鸡娃'的天花板肯定是湾区。"大学同学的太太接话道。最初认识大学同学的太太时，我觉得她是一位有些内向、比较高冷的人，谁知道一开始聊孩子，她马上就打开了话匣子。

大学同学拼命地点头："湾区确实有点夸张。"

"我俩待过这么多城市，一致认为，湾区是鸡娃的天花板。"大学同学的太太认真地说。

"什么？"我忍不住，"你知道我心中鸡娃的天花板是哪里吗？"

"哪里？"她问我。

我看着大学同学的太太，一字一句地说："是你们家！"

"我家？为什么？"她一脸迷茫。

"真的是你们家，你老公杰克为了你们家老二学英语，平时在家只讲英语，我真的觉得你们太厉害了。"

"哈哈。"杰克挠挠头说："快讲不动喽，孩子的学习能力真强。现在好多英语单词我都不认识了，估计再坚持一年，我就可以退下了。"

"在家讲英语？"小咖球的朋友米高看着杰克问。

杰克解释道："老大当年在湾区嘛，英语基础打得好；老二出生在国内，这不没有英语环境，我就立了一个自己每天在家只说英语的规定，给老二制造一个学习英语的环境。"

"这挺科学的啊。"米高不太理解，因为米高的母语是英语，他觉得在家说英语既正常又简单。

"杰克的母语不是英语，跟我们一样，都是商务英语，跟母语流利级别还是差得远了。"我给米高解释了一下。

杰克又苦涩地笑了笑："确实不容易，我给孩子读故事书，好多单词不认识，我还要提前查字典。有一次，她让我读一本有关恐龙的书，我的天，我在美国生活那么多年，但是书中恐龙的名字没有一个认识的，每个单词贼老长。问题你们知道是什么吗？"

"是什么？"

"我查了发音，读了几遍之后孩子记住了，下次直接说出来了，但那几个恐龙的英文名字我却一直记不住。年龄大了，记忆力真不行了。而且像我这种二把刀的英语水平，每天跟他全部用英语交流确实挺费劲的。有时候想表达的东西不知道怎么表达，索性就不讲了。"

"可以理解。"我温哥华的发小说，"别看我住在温哥华，让我一天到头在家里对着老公和孩子说英语，我也做不到。"

"是啊，"杰克说，"就是这个问题，整个家里是中文环境，有时候长辈还在，我坚持讲英语很不容易。有一次在餐桌上，大家都用中文讲话，我坚持用英语，我妈妈听不懂，她那天就很生气，问我能不能不要再继续讲英语了，一家人好好吃个饭都不行。我当时觉得特别委屈，在非英语国家养成讲英语的习惯，其实特别不容易。"

"所以啊！"我感慨："你们家真是我认识的鸡娃天花板了，你们来自湾区的果然不一样。"

"我听说，"米高说，"纽约其实卷得也很厉害。"

"是的，我纽约的朋友每次跟我聊天都会抱怨，说纽约太卷了。"我说。

小咖球说："你哪里的朋友不跟你抱怨？我看你中国香港的朋友跟你抱怨，你新加坡的朋友跟你抱怨，你英国伦敦的朋友也没少跟你抱怨。"

也是，我不禁在想，好像真是这么回事。我那些生活在全球超一线城市的妈妈朋友们，好像都在抱怨自己所在的城市：教育竞争激烈、孩子学习辛苦、妈妈们"鸡娃"惨烈。别说这些超一线城市了，我生活在国内三线城市的小学同学都跟我说教育太卷了。我只能感慨："看来教育越来越卷，是个全球性问题。"

"你们有没有觉得，是华裔家庭的全球性问题？"我的大学同学提出。

小咖球接着说："或许不只是华裔，而是亚裔家庭的全球性问题。"

"确实。"大学同学说："美国人不是不重视教育，人家也注重，也搞体育，也补课，但是没有亚裔家庭这么夸张。华裔、韩裔、日裔家庭真的引领了全球的教育内卷。"

"其实每个国家的教育都很'卷'。"我突然想到之前看过一个纪录片，便说道，"现在的社会趋势是社会精英化，英美父母一样把上 TOP 大学当作教育目标。我之前看过一个纪录片叫《幼儿园大学（Nursery University）》，讲的是纽约上东区精英家庭疯狂鸡娃的故事。"

"哦？上东区的白人家庭吗？他们怎么鸡娃？"小咖球好奇地询问。

"这是一个 2009 年的纪录片，里面讲了纽约上东区五个不同家庭为孩子申请学龄前学校的事情，跟今天香港、上海、伦敦、温哥华这些城市的家长面临的情况一模一样。五组家庭为了孩子能上曼哈顿最顶尖的私立学前学校。他们想尽各种办法，努力学习这个对他们来说既陌生又竞争激烈的系统。"我开始向大家描述纪录片里的情节。

"幼儿园申请系统确实陌生，没孩子之前，谁研究这玩意啊。"发小愤愤不平地说。

"是的，纪录片里面的父母就跟咱们今天一模一样，先是搜索、调研、考察，申请幼儿园跟申请大学一样繁琐、一样让人筋疲力尽。首先，上东区的家长先要了解各个学校不同的录取要求、收费标准、教授形式等；然后是探校，家长要实地考察，聆听各个校长讲解办学理念，还要从各个渠道做功课。"

大学同学夫妻一边点头，一边会心一笑。

我继续说："这些上东区家长，与我上东区那个朋友一样，还要参加各种社交活动，去和学校的董事、领导、老师交流，搞好关系。"

小咖球插了一句："你那个香港朋友不是也这样吗？叫什么名字来着？孩子1岁的时候就去名校的拍卖晚宴，为了跟校董搞好关系。"

"哈哈，对，是我朋友。"我继续说，"然后，就是一所一所地填写申请表，上传照片、各种文件、证明材料。"

发小说："我给我孩子申请幼儿园写的小作文，比给我自己申请大学的文书写得都要认真。"

"谁不是呢，哈哈！"大学同学的太太深表认同地点点头。

"然后，这些上东区的父母要带着孩子一起面试，孩子会被单独或集体地进行测试、玩耍和观察。这一点我觉得上海目前好一些，香港的面试流程完全跟纪录片里一模一样。最后……"我停顿了一下。

米高焦急地问："还有啊？"

"没了。"我笑笑说,"最后就是最紧张的等待录取结果。哈哈!"

"哈哈哈哈。"大家都笑了起来。

我继续说:"所以,其实欧美家庭教育也很'卷'。纪录片里面那些父母,在孩子 4 岁左右就开始报各种课外补习班,如表演、钢琴、舞蹈、写作、马术、声乐等,孩子们的课余时间基本是在各大兴趣班之间来回穿梭。其实英国也一样,上次我朋友说,英国精英家庭基本都给孩子请家教。"

"形式都一样,"小咖球突然严肃起来,"欧美家庭跟亚裔家庭的育儿形式可能看似一样,但是我觉得大家的育儿理念不同。"

"是的。"米高表示认同。

小咖球继续解释:"亚裔家长对孩子教育的关注更多体现在成绩上,课外补习和才艺培养,大多都充满功利性,都以上名校为目的。而欧美家长更承认孩子的天赋差异,孩子喜欢学什么、适合学什么、学多少、学多深,孩子们有充分的选择自由。教育的过程强调让孩子们找到自己的热情、天赋和兴趣所在,通过这样一种自然过滤,让 5% 天赋禀异的人群爬到教育金字塔尖。相比亚裔父母高控制和高压力的教育方式,大多欧美精英家庭认为,孩子的身心健康和学习成绩同样重要。"

"确实是。"我说,"很多亚裔家长过于看重'起跑线',反而忘记了人生其实是一场马拉松。"

发小说:"咱们作为亚裔家长,首先要从自己开始检讨,希望从咱们这一代开始，改变咱们亚裔家长的风貌。"

"敬咱们不容易的亚裔家长。"我举起酒杯。

"敬改变教育风貌。"大学同学跟着附和。

"那你的英语还继续说吗？要不要改变一下？"小咖球打趣地问。

"哈哈！英语还是得继续说，改变其他风貌吧。哈哈！"杰克自己都被自己逗乐，大笑起来。

谈话期间，已经上来了寿司，厨师为每人捏了一贯大腹。为了增加口感的丰富度和空气感，他把一块儿厚厚的鱼生片薄成三片，三片叠加在一起，放在舍利上。一口下去，实在是太满足了。

不能吃寿司的四个小孩儿子每个人面前放了一大碗乌冬面。我儿子正用他的学习筷笨拙可爱地夹着面，往嘴里塞，还不时从嘴里吐出少许蔬菜叶。他不爱吃蔬菜，一片绿色蔬菜也不吃。我们每次都要将蔬菜打碎，混在肉丸、包子或者饺子里，他看不见了才会吃。平时我只要看到他吐蔬菜，肯定会批评他，并且告诉他这是不对的。但是今天这么多客人在，我怕批评他他会不开心。为了维持和谐的氛围，我只能默默地看着他吐出所有的绿叶菜。有的吐到桌子上，有的吐到自己的衣服上，有的直接吐地上了。

"话说，"大学同学举起酒杯，敬向隔壁的米高，"刚才光顾着讲亚裔家长，不知道米高你也是家长吗？有几个孩子啊？"

米高腼腆地笑了："我还没有孩子呢。"

"哦？"不知道是谁哦了一声。米高看起来确实已经人到中年，像是一个该有孩子的男士。

"你是单身？"大学同学问道。

"不是，我结婚很久了，只是我跟太太两个人不确定要不要孩子。"

"为什么呢？"

"我俩觉得养孩子有压力啊。"

······

大家一起沉默了。

"你那么好的条件，还觉得有压力？"小咖球不解地问道。

确实，米高出生于美国，斯坦福毕业。爸爸住在香港，是香港著名的实业家，妈妈因为身体原因住在温哥华调养，他自己拿着三本护照，分别是美国、加拿大、英国。米高毕业后曾在香港作为金融人士打过几年工，前年搬到新加坡，开始管理自己的家族办公室。这样的人养孩子还觉得有压力，我也是"丈二的和尚，摸不着头脑"了。

"不是经济压力。"米高解释道，"是能不能让孩子有长久幸福的能力，能不能保障他的身体健康不受病魔纠缠，能不能成功地给孩子输入正确的价值观等。教育不只有学术、体育、才艺，还有为人教育、情感教育、素质教育等。在这些方面，我和我太太都觉得有压力。毕竟要面对一个活生生的生命体，他依赖我们十几年，我们觉得身上的责任感太大了。"

"有长久幸福的能力，"小咖球感慨道，"说得太好了。我也希望我儿子可以学会这种能力，毕竟人生不是一帆风顺，不管是面对顺境还是逆境，希望他可以从容不迫。"

"让我想到之前澳门一个很大的家族，"我插话道，"他们家里生小孩儿的时候会用一位大师算生辰八字，然后剖宫产。"

"你又开始宣扬迷信了。"小咖球看着我笑笑。

"哈哈，这可是中国的宝贵文化遗产。"我也不好意思地笑了。

"听我说。"我整理了一下语气，故作严肃地说道，"我恰好认识他们御用的这位算命大师，所以意外得知了他们家族前两年刚出生的那个小宝宝的八字。我就问这个大师，这样的家庭在给后代算生辰八字的时候，想要一种什么样的八字呢？"

"什么样的？"发小很好奇，身体倾向了我。

"大师说，他们并不想要大富大贵的八字，也不想要那种事业有成、开创一番天地的八字；相反，他们想寻找一个时辰，在这个时辰出生的小孩儿可以一辈子无忧、顺心、平和、快乐。可能就是你们刚才说的，拥有使自己幸福的能力。"

米高说："你们发现了吗？其实大家对孩子的期待，很大程度上反映了我们对自己生活的期待，反映了我们自己生活的缺失。澳门的大家族，已经拥有一辈子花不完的钱，孩子一出生就自带社会地位。但是他们家族内部纷争严重，我认识很多这样家族的人，虽然看似什么都有了，却终日郁郁寡欢，不开心。这些人对自己生活的期待已经不是钱和社会地位了，他们期待的是开心、顺心，所以自然把这些期待转移到了子孙后代身上。"

"确实是。"我不禁感慨，"人生的期待其实就是一个圈，平凡简单的人想要成就一番事业，但历尽千帆的人往往可能只想要简简单单。"

大学同学说："是啊，当我们贫穷时，削尖了脑袋想赚钱，拼尽全力，想把车开得快一点儿，再快一点儿。后来，车开快了，才发现我们自己想下车时也下不了车了，被这辆车拉着往前走。终日被公司、客户、投资人、上下游、同行们逼着往前走。我现在经常跟我太太说，我俩觉得最开心的时候就是当年没钱的时候，那时候有梦想，有时间。"

"看来，有钱有闲是最好的。"

"有钱有闲的人，也有自己想要的，比如健康，比如咱们刚才说的开心的能力。"我说。

"所以，"米高继续说，"人总是想要自己得不到的，总是有各种各样的欲望。欲望就是一个圈，我们永远被困在里面，有了孩子之后，我们把我们的欲望附加在孩子身上，同时也把孩子带进这个圈里，他们也被周而复始地困在里面。所以，我和太太有时候就在想，我们真的不想要孩子，何必让孩子经历这些呢。"

"也别这样想，"我安慰米高说，"其实，你可以教会你的孩子如何控制欲望。再说，欲望也不是坏事。咱们不就是因为有欲望，才会想去登上高山、潜入深海；Elon Musk 不就是因为有探索和解决问题的欲望，才想着如何把人类带到火星。其实，生活中那些让我们觉得兴奋的东西大多数都是欲望。也许，学会善用欲望、控制欲望，才是咱们学习的重点，不光是需要教给孩子，也要教给我们自己。"

"确实！"小咖球认同了我的观点，"父母这个职业没有知而后行的提前培训，唯有行而后知的努力。很多对人生的感悟都是陪着孩子长大的过程中想到的，边自己学习边育儿，再从育儿中反过来领悟再学习。

"来，敬敬咱们生命中的这些'小老师们'。"我向儿子举起酒杯，他也双手拿起水杯准备跟我碰杯，"谢谢你们给我们这些大人机会，让我们跟你们一起成长，彼此滋养。"

"敬这些小朋友！"大家都举起酒杯。

儿子奶声奶气地重复我说的最后一句话："一起成长，彼此滋养。"

哈哈，大家开心地笑成了一片。

致　谢

　　书的最后，想感谢一直给予我支持和爱的赛车手、父母、小咖球，还要特别感谢我的好朋友楠雪，并对他们献上我最诚挚的祝福。